Marcel NUSS

Chroniques poétiques
(2020)

©Autoéditions – Marcel NUSS
Dépôt légal : Octobre 2022
Couverture : Jill NUSS
ISBN : 978-2-3224-4090-0
Édition : BoD – Books on Demand, info@bod.fr
Impression : BoD – Books on Demand,
In de Tarpen 42, Norderstedt (Allemagne)
Impression à la demande

Le Code de la propriété intellectuelle n'autorisant, aux termes des paragraphes 2 et 3 de l'article L. 122-5, d'une part, que les « copies ou reproductions strictement réservées à l'usage privé du copiste et non destinées à une utilisation collective » et, d'autre part, sous réserve du nom de l'auteur et de la source, que les « analyses et les courtes citations justifiées par le caractère critique, polémique, pédagogique, scientifique ou d'information », toute représentation ou reproduction intégrale ou partielle, faite sans le consentement de l'auteur ou de ses ayants droit ou ayants cause, est illicite (article L. 122-4). Cette représentation ou reproduction, par quelque procédé que ce soit, constituerait donc une contrefaçon sanctionnée par les articles L. 335-2 et suivants du Code de la propriété intellectuelle

Tourner la page

Blanche
la page
comme l'année qui se présente
livide exsangue
comme si elle ne trouvait plus ses mots
la page
l'esprit vide d'avoir trop donné

Écrire mais quoi pourquoi
sans radoter écriture fonds de tiroir
de culotte de commerce
se renouveler
comme les saisons et l'espoir
trouver d'autres sentiers
qui sentent le verbe en fleurs

Tourner la page
prendre le large avec soi-même
sur l'horizon des jours
recommencement inlassable
je t'aime je vous aime
c'est tout ce que je sais
tout

Espoir

Là-bas
le ciel moutonne
nuages floconneux
elle chantonne
la vie repart d'un pas nouveau
je suis devant mes mots
et je vous attends
pour réinventer la vie
et tisser l'amour
et le désir qui enchante
connais-tu la femme qui rit ?

Fantasme

Je
l'ai
vue
nue
sous la lune
ou
dans un rêve
un rêve de lune
ou de l'autre
que je ne connais pas
mais dont je rêve
depuis que je l'ai vue
nue

Réveillons !

C'était un réveillon
c'étaient deux solitudes
dans un corps à corps sage
et sans illusion
y a pas d'mal à s'faire du bien
pour commencer un nouveau refrain
jouissant peut-être en passant
Allez santé pour cette nouvelle vivaldienne !

Fascination

Bouche bée
devant ta beauté inaliénable
aux courbes lunaires
de sang et de chair
et ces gestes solaires
d'une grâce épistolaire
toute en arabesques
et cette lumière incomparable
cette sensualité grisante
Femme si belle si chatoyante
horizon de mes désirs
incarnation de l'humanité
je te respire

Résurrection

La douce lumière
d'un ciel apaisé
et l'eau qui jaillit
l'eau qui coule qui coule
chaude et roucoule sur la peau
engourdie
voluptueuse résurrection des sens
sous le pommeau généreux
et ces mains qui dansent
sur la chair renaissante
Je suis ! Vivant.

Mélancolie

Regard lourd regard gourd
qui erre égaré
le temps est transparent
suspendu dans l'indigent
mélancolie au bord du lit mélancolie
comme on est au bord de la nausée
on hoquette mais rien ne monte
jours indigestes où l'on sonde
sa vacuité pour renaître

Certitude

Je n'ai qu'une certitude
      je t'aime
tendre femme lumière
qui danse avec les étoiles
quand tout le monde dort
d'un sommeil éreinté
      je t'aime
mon grain de folie aussi
limpide que déraisonnable
comme peut l'être la vie
lorsqu'elle vibre à l'infini

Absolue charnalité

Lumière
d'une nuit tombée
sur les étoiles
qui dansent
autour de la
Lune pleine
de
Mystères
Lumière
charnelle et profonde

qui entrouvre
la voie vers
l'Éternité
du sens
Lumière
- on passe ce soir de l'amour
transcendé
par un absolu
épuré
Je respire et je songe
dans la nuit
qui me prolonge
qui sommes-nous ?

Torrent

Ce torrent de larmes
qui alourdit le cœur
et obstrue l'esprit
ce torrent de larmes
qui clame à cor et à cri
ta lassitude et ton désarroi
laisse-le jaillir et
fertiliser la vie !

Extase

Au fond d'un lit douillet
délicieusement blotti
et cette douce euphorie
d'un bien-être enveloppant
qui vous emplit soudain
et le silence et l'absence
de toute pensée parasite
avant de plonger dans un sommeil
voluptueusement bienheureux
le malheur attendra bien demain

Aveu d'amour

Je suis partout
ou peut-être nulle part
le regard hasard le regard vague
qui se pose sur tout
ou peut-être rien rien du tout
conquis par la lumière
aux reflets si doux
où se plongent mes pensées
à genoux devant vous

Cycles de vie

Nerfs fourbus
corps éprouvé
vie approuvée
jours qui sourient
jours qui rament
le bonheur ça va ça vient
le bonheur donne tant
quand on le veut vraiment.
Comment la vie peut-elle vous aimer
si vous ne l'aimez pas
si vous n'y croyez pas ?

Rêverie

La lune brasille au firmament
de mes pensées vaporeuses
telle une voluptueuse belle de nuit
accrochée au ciel de mes désirs
Enivre-moi lune aux rondeurs
plus sublimes que mes rimes
truffées de griseries littéraires
extasie-moi vie après vie
astre de mes amours aphrodisiaques !

Vive la vie

Connais-tu la rondeur du temps
l'âge venant
l'embonpoint du gai-vivant
celui qui arrondit les jours
et les angles éventuellement
de succulences et de truculences
car il a compris
que c'est maintenant ou jamais
demain n'est jamais garanti
autant rire aujourd'hui

Perdre ?

Perdre
perdre qui perdre quoi
perdre pour se renouveler
perdre pour se chercher
perdre pour se trouver
se perdre pour mieux vivre
pour apprendre que rien n'est perdu
sauf le superflu le passé et les illusions
perdre pour mieux aimer
mieux apprécier le présent
perdre pour grandir un peu plus
comprendre que l'essentiel est ailleurs
là où est la vie le mouvement le hasard
perdre pour être et ne plus avoir
je te perds tous les jours mon amour
pour mieux te retrouver sous un autre jour
pour plus te désirer pour plus te chanter
j'ai tant gagné à perdre

Les idéologues

Aveuglement d'humains
Nature en feu et en sang
nature dénaturée ravagée
Humains irresponsables
enfermés dans leurs idées
au logis qui pue le renfermé
le rance et le moisi sourds
Destruction apocalyptique
dévastation écologique
Et cet holocauste d'animaux
Vous avez dit dommages
collatéraux ? Les idéologues
sont de sortie en Australie
et ailleurs et ailleurs aussi
Il est des espèces très résistantes
loin de l'extinction souhaitable

Incandescence

Ce ciel sanguinolent qui embrase
l'horizon d'un éblouissement du cœur
beauté saisissante surgi de l'aube
La vie est belle pourquoi la tuer ?

Peinture

De l'origine du monde à la fin des temps
le plaisir inonde leurs sentiments
attraction charnelle gravitation sensuelle
il est des big-bang peu conventionnels

Lugubre

Le jour sombre dans la nuit
à peine levé il boude
lumière d'outre-tombe
qui encombre l'horizon
d'une pluie sanglotante
un temps à s'enterrer
sous son oreiller de duvet

Devenir

Je me languis de moi-même
d'une part égarée
dans les méandres de jours
chaotiques et incertains
où vais-je mais où vais-je
        maintenant ?

Évidence

        Entre
la terre et le ciel
le jour et la nuit
le corps et l'esprit
    toi et moi
      il y a
     LA VIE
que transcende
    l'amour

Confidence

Ses lèvres sensuelles
venues à tire-d'aile
oser
un baiser voluptueux
sur mes vers peu vertueux

Le plus beau voyage

Femme
te contempler
quel beau voyage
te contempler
inlassablement
dans ta nudité qui
m'emporte
par monts et par vaux
en des contrées inouïes
à perte d'horizons
émerveillé par cette grâce
qui respire la vie
d'une beauté éternelle

Volupté opus I

Au fond de mon lit
tellement bien au chaud
les soucis laissés devant la porte
de la chambre assoupie
Et le bien-être qui monte
et m'envahit d'un bonheur
d'une douceur infinie
je suis seul avec la vie

Libertaire

Que voulez-vous que je vous dise
je n'aime ni les chapelles ni les églises
je préfère le vent et les oiseaux qui me disent
qu'aucune vie ne vaut d'être soumise
à n'importe quelle forme d'emprise
il n'y a que la liberté qui me grise

Déclaration d'amour

Je ne me sens pas Français ni Européen
je ne suis pas d'ici à peine terrien
Humain je me sens juste humain
dans un pays sans pitié pour les faibles
les déracinés les précaires les différents
je n'ai d'amour que pour l'amour de mes prochains
les méprisés exploités et autres spoliés de l'égalité

Volupté opus II

S'envelopper dans la solitude
comme on se blottit sous la couette
respirer la nuit avec une douce euphorie
instant de bonheur suspendu à l'éternité du temps
c'est simple de vivre lorsqu'on est au moment présent

Lumières

Le soleil décroît
sur l'horizon grisonnant
de nues repues

Lumière !

De cœur las le corps fourbu
pas à pas humblement
avancer dans son humanité
malmenée par le temps
qui érode l'âge
et sourire à la vie
même appesantie

Amour intéressé

Du fond de la nuit
surgit un cri : je t'aime…
prends-moi des clopes !

65

–   *65 ans… ah oui ! Quand même*
pas étonnant qu'il ait des problèmes
avec sa pathologie (guili-guili)
Ainsi va la vie quand on a dépassé
la présumée date de péremption
ou de validité… médicalement concevable
Périmé je suis déjà périmé à mon âge
moi qui envisage d'autres abordages
va falloir que je surnage dans mon emballage
précocement usé sur les bords
Allez ma p'tite dame un peu d'surplus
ce s'ra pas d'refus faut jamais s'arrêter
en si bon chemin 65 c'est quoi 65 ans
pour un malandrin rétif aux pronostics ?
Juste le début du commencement… de la faim

Le cœur

Quand le cœur balbutie
le temps vacille
soudain indécis
j'arrête ou je continue ?
L'avenir le dira
l'avenir, dit toujours.

Évidence

Quand le ciel est en joie
le jour est envie
et la vie est à toi

À cœur vaillant...

Un jour tu t'arrêteras
avec la satisfaction du devoir accompli
au-delà de toute espérance
un jour tu t'arrêteras
et la Terre continuera à tourner
Quand ?
Pourquoi le savoir ?
Il fait si bon vivre avec toi
mon cœur qui bat de joie
pour vous que j'aime de vie...

Connivence

Le jour est gris
le cœur est gai
la vie chante
il y a de l'amour dans l'air
et des rires entre les vers
quand la vie rime entre nous...

Éclat de bonheur

Cette douce allégresse
qui emplit les yeux
et éveille un sourire au coin des lèvres
l'espace d'une fulgurante évidence
la vie est belle lorsque le regard s'enchante

Sérénité intérieure

Paisible la maison
respire la douceur de vivre
baignée de lumière et de chaleur
le bonheur est si peu et tant
lorsque tu souris à la vie et au temps qui passent
Il fait bon être amoureux

Vivre l'instant !

Sur les chapeaux de roue
en roue libre le cœur se livre
à des acrobaties de bateau ivre…

Vivre l'instant intensément
pour être vivant tout simplement
et par tous temps rire.
Pourquoi la mort est un drame pour tant
quand ce n'est qu'une péripétie
pour d'autres une re-naissance radicale ?
Pour ne rien regretter
ose mais ose être toi
jusqu'au bout sans relâche
soi et tu seras !

Nouveau jour

Le cœur rayonne
quand le matin chantonne
sur les murs éblouis
où l'âme rebondit
telle une allégorie
de vie

Je jouis

Ça vous étonne   je jouis
en tout cas ça en étonne depuis que je vis
si si je jouis intensément
je jouis du regard désirant qui se pose sur moi
je jouis de jouir avec elles
je jouis de ces mets qui se fondent dans ma bouche
je jouis de la beauté qui m'entoure et me touche
je jouis de la vie
je jouis de la voir réjouie
je jouis de sa tendresse de sa présence de son amour
je jouis du temps qui passe et du verbe qui m'est si cher
je jouis d'être mortel pour me sentir encore plus vivant
je jouis   maintenant !

Cap au sud

Vent debout
sous la frondaison des arbres qui tracent leur sillage
sur le ciel sans nuage
je t'entends
me susurrer des sentiments haletants
le bonheur m'attend
comme la vie comme le temps
entre tes bras d'amour accueillant

Coronavirus

Et le virus vint
contaminer la finance mondiale
aurait-il une dent contre le néolibéral
ce bougre d'animal ?
Les Gilets Jaunes se sont échinés
la Gauche s'est décomposée
la Droite s'est liquéfiée
les syndicats se sont éreintés
et il suffit d'un virus pour tout chambouler

ne mériterait-t-il pas d'être décoré ?
À condition de ne pas discriminer
d'aller aussi chatouiller nos dirigeants
autoritaristes et bornés
réfugiés dans leur bunker
pour ne pas le choper.
Un virus survient page
et la bourse chute
et le pétrole dégringole
et l'économie flageole.
Faut-il en rire ?
J'avoue que je suis tenté…

Une ivresse sociétale

Y'a plus que le corona
qui saoule radicalement
l'alcool préféré des médias
Comment arrêter la paranoïa
quand tout va mal partout
et qu'il faut bien une obsession
pour se changer les idées
oublier qu'on a perdu la foi
en la vie en l'autre et en soi
De toute façon on mourra
de quelque chose ou de rien
si c'est pas maintenant
ce sera pour une autre fois
alors autant vivre
autant vivre à en mourir de joie
au fond de son appartement !

Contemplation dominicale

Contempler
la mouvance de l'eau
qui danse sur les murs blancs
et plonger
dans le Vide Infini
de la Plénitude
La vie est si belle et magique
pour qui prend le temps de la respirer

Instantané

Chant du jour
chant de la vie
qui se lève chaque matin
pour éveiller les esprits
et les cœurs assis au bord du lit
contemplant la nature qui frémit
Seul l'instant présent est
et tu surgis comme une promesse
d'éternité infinie
et le bonheur se répand
dans les veines du temps

Pourquoi m'aimes-tu

Pourquoi m'aimes-tu autant
toi la vie qui me nourrit
toi l'amour sans détour
toi la femme qui me sourit
toi la femme qui rit aux éclats
toi l'oiseau qui me fait rêver
toi le jour qui m'accueille avec générosité
toi que j'aime
toi toi toi
et vous vous vous
dès lors que le soleil éclaire votre regard si doux

Poésie

Poésie
comment vivre sans elle
quand tout alentour la respire la transpire
regarde regarde autour de toi
la vie est un poème ne le vois-tu pas
ne vois-tu pas que chaque instant
ce que tu vois vis sens entends
est un poème
un hymne à la vie à l'amour
même les moments sombres
recèlent des coins de lumière
un poème comme une prière
qui s'élève chaque matin
venue du fond de l'âme
pour inspirer le jour à venir
vivre avec rimes et raison
pour mourir peut-être moins idiot
un jour un jour sûrement
un poème sur les lèvres
et l'amour en bandoulière

Simple

Le jour se lève
le ciel rosit
j'ouvre les yeux
sur la vie
pas un brin de vent
le soleil brille
sur un calme absolu
Je suis

La « guerre » d'Emmanuel

L'argent n'a pas d'odeur braves gens
allez bougez-vous
allez trimer pour renflouer les caisses néolibérales
d'un État contrarié dans sa marche triomphale
par un virus qui brise ses jouets idéologiques

allez travailler ouvriers
pour vous pas besoin de confinement
ni de masques vous êtes immunisés
par le Saint Esprit macroniste
car aucun sacrifice n'est trop bon
pour sauver une politique sans état d'âme
contaminée par un virulent minus
quand les gilets jaunes n'étaient finalement
qu'une piqûre de moustiques comparativement

allez ouvriers du bâtiment
allez crever pour faire rentrer l'argent
Madame Pénicaud vous trouve défaitistes
comme les policiers les infirmières
les caissières les médecins et tant d'autres
vous aurez l'horreur de mourir pour la France
pour quelques briques et du béton
c'est peut-être mieux que de mourir cons
doit penser ce gouvernement sanguinaire
qui ne pense aux autres qu'en termes de gains

hé oui c'est ça le néolibéralisme
tu ne vaux rien pour Macron que ce que tu lui rapportes
tu n'es qu'une valeur ajoutée
un bénéfice financier ou un coût social insupportable

l'argent n'a pas d'odeur
même quand le monde est aux urgences

je vous aime en attendant
je ne peux pas plus pour le moment
je suis confiné et sidéré
devant tant de mépris et de cynisme
lorsque la vie de citoyens est en jeu

Elle est con-con

Avec ses peurs à gogo
de ne pas être suffisamment ci ou ça
trop ceci ou cela de ne pas en faire assez
et ses stress aussi légendaires que sa générosité
et sa culpabilité cosmique
alors qu'elle en fait tant et tant et plus
qu'elle donne et se donne jusqu'à épuisement
elle est tellement con-con
qu'elle en est touchante
Comment ne pas l'aimer ?
Je ne peux pas tout simplement
par conséquent je l'aime intensément
cet astre solaire qui s'effraye pour un rien

Cadeau

Le ciel est gris ce matin
mais le soleil se fraye un bout de chemin
pour sourire au jour qui vient
et soudain la maison s'enchante
de mille reflets vivants

Coronarictus

Cette envie de pleurer…
Devant le miroir sans appel tendu par un virus à
un Président dans son habit rigide et mité d'idéologue
et à son gouvernement aux consignes cacophoniques
et schizophréniques à faire perdre la boussole
à un Peuple qui erre entre tout et son contraire
un travailleur ne vaut-il que ce qu'il rapporte
à un capitalisme doctrinaire et technocratique
assurément il est plus aisé de réprimer des manifestations
que de gérer une crise sanitaire venue du diable vauvert

Malgré tout la lumière et l'espoir persistent devant

tant de solidarités de générosités d'humanité de bienveillance
provenant opportunément de voisins d'amis d'inconnus
chaîne d'un humble humanisme qui se tisse jour après jour
afin de faire vivre la vie malgré tout par-dessus tout
dans des éclats de lumières disséminées
qui se rassemblent d'écho en écho
de cœur à cœur puisque les corps sont confinés
réverbérés par un virus-miroir
beautés inaliénables d'élans solidaires et responsables

L'humanité recèle de trésors de bonté de fraternité
et de générosité qui viennent éclairer les petitesses alentour
une grandeur d'âme trop souvent insoupçonnée et mésestimée qu'un virus rédempteur soudain jaillit au grand jour nous sommes vivants reprenons notre vie en main !

Humilité

Humble
comme la vie si fragile et belle
don éphémère qui nous est offert
à chaque instant chaque respiration
richesse inestimable du Mystère
qu'aucune fortune ne pourra acheter

Humble
comme la conscience de son impermanence
et le sens du bonheur sans ostentation
simple comme la vie qui se déploie
sous tous les cieux par tous les temps
pour tisser des destins aléatoires

Faut-il se réjouir ?

Tout krach
les bourses s'effondrent
des banques vont
et des lobbys aussi
l'économie mondiale est en ruine

elle étouffe progressivement
contaminée par le coronavirus
l'argent-roi a très pâle figure
le Covid-19 ne fait pas de quartier
il a une dent contre la Finance
contre ce système dément
qui s'érige depuis des décennies
sur des cadavres sans intérêts
autre que leur plus-value corvéable à souhait
la secte des néolibéraux va-t-elle être
définitivement coronavirée
pour un monde plus solidaire
et enfin conscient de la nécessité
de vivre différemment plus intelligemment
et respectueusement avec l'environnement ?
Dieu seul le sait pour le moment
si Dieu il y a assurément
en attendant en France
« le roi est nu » aurait dit Hans-Cristian

Drame

C'est un pauv' clic clac
totalement patraque
à force d'avoir dessus
tous les jours des culs
des petits des grands
des bons des méchants
avachis pétant
ou tout remuants
à longueur de temps
depuis l'confinement
sauvez- le par pitié
allez travailler !

Tristesse

Elle n'avait que 16 ans
elle est morte pourtant
d'une pandémie enragée
de ne pas avoir été écoutée
pas prise au sérieux suffisamment
par un gouvernement qui s'agite
pour sauver ses intérêts partisans
Elle n'avait que 16 ans
combien d'autres maternant
et plein de rêves sûrement
Qui faut-il applaudir maintenant ?

Allocution « poétique »

Françaises Français
soyez fiers de votre président
ce preux chevalier sans tache ni reproche droit dans ses poulaines
n'a fait aucune erreur stratégique juré craché
contre l'armée de Virus Le Grand absolument aucune
les cadavres qui s'entassent dans les frigos
sont victimes d'eux-mêmes ou de la fatalité
Oyez oyez il faut lui pardonner
à ce jeune arrogant imberbe
qui confond Austerlitz et Waterloo
à force d'être sur tous les fronts
et d'affirmer tout et son contraire
– on ne peut pas gagner à tous les coups –
mais il ne ment jamais à son peuple de gueux niais
car oui nous sommes niais à ne rien comprendre
à sa guerre de Monopoly
allez encore quelques morts et il aura du poil au menton !

Aux gens bien

Ici-bas il y a des gens bien
simples généreux et solidaires
d'une humanité pleine d'humilité
qui côtoient ou croisent

Nuage

Gris gras gros
gorgé d'eau
gros gras gris
jour de pluie
gris gras gros
fait pas beau
gros gras gris
file d'ici

Paisibilité

Ce cœur qui bat sous l'arbre
respire la vie
s'écoulant délicatement

Amoureusement

Délicatesse
de la synchronicité
des cœurs amoureux
sous la frondaison du temps
qui passe en chœur

Interrogation

Le ciel hésite ce matin, entre tristesse et joie. Tantôt il brille, tantôt il brouille le jour qui va. Vers qui ? Vers quoi ? Le sais-tu seulement ? Moi, je ne sais pas. Et j'aime ne pas savoir, j'aime découvrir la vie pas à pas peu à peu auprès de l'amour qui bruisse et du cœur qui bat. J'aime le mystère de la vie, du cynisme vers le haut temps qui passe et ne revient pas.
Comment trouver du sens à ce qui n'en a plus ? On ne peut pas, ce qui était fut, ce qui est sera peut-être. Tout n'est que deuil et renaissance, tout. Comment trouver du sens à ce qui n'en a plus ? Le ciel hésite ce matin, entre tristesse et joie, entre toi et toi, entre vous et moi. Prendre le temps de vivre, de voir et de respirer. Demain arrive si vite. Vis maintenant !

Encouragement !

Cesse !
Cesse de courir après ton ombre
après tes fantômes tes illusions
cesse de courir après du vent
contre le temps contre la vie
Sois !
Sois enfin toi sois ta soie
cette soie que tu as en toi
derrière ton apparence usée
sous ta façade fissurée
Ose !
Ose t'aimer et vivre et te désirer
profite du miroir tendu par la vie
pour regarder au fond de ton être
et rire et rire la vie qui t'appartient
Aime !
Aime à la folie tout ce que tu as fui
jette cette léthargie amorphe
qui poisse au fond de tes yeux
et vis vis à en mourir de joie

Sans dessous dessus

Et cette bouche féline
et ce corps bouillonnant
qui arpègent sa chair
jusqu'au firmament
de leurs sexes ardents

Con-finitude

Que je rêve
d'un confinement
au fond d'elle
dans son tropique
intime si intime
qui danse
au rythme de ses sens
échevelés

Résolution

Tarir cette colère vaine. Contre les injustices, la méchanceté, la bêtise, les mensonges, le mépris, le déni, l'arrogance, l'indifférence, la mesquinerie, la lâcheté et *tutti quanti*. Contre, toujours contre, et après ? Un autre mur de silence ou de geignements indigestes ? Puis, encore la fatalité, la résignation, l'égoïsme, la lassitude lénifiante, qui reprendront leur cours redondant, comme si de rien n'était ? Et s'emporter contre qui, pourquoi ? Tarir cette colère tapie en moi qui gronde, s'indigne, se désespère, ronge, tandis que le monde plonge dans l'impéritie politique et l'iniquité sociale. Tarir cette colère mortifère pour agir le Monde autrement. Surtout ne pas se voiler la face devant tant d'attitudes si peu démocratiques et responsables. Surtout ne pas devenir distant. Défendre, toujours défendre, autant que faire se peut, l'humain humainement des prédateurs de toutes sortes. Le cœur civique.

Bucolique

Écouter la fontaine qui chante et enchante le cœur, le corps apaisé.
Écouter le temps qui passe avec son Mystère immuable et serein.
Écouter la vie sous un soleil printanier à l'heure de l'éclosion.
Tendre l'oreille, étendre les sens et attendre la musique de l'Être.
Tendre la main à l'inconnu perdu sur des terres inconnues.
Tendre le cœur à toi l'amour de mes jours, à vous mes amours.
Caresser l'espoir d'un monde meilleur malgré la désespérance.
Caresser ce corps qui se donne sans détour, ces corps désirants.
Caresser l'instant que la vie m'offre à chaque instant.
Et jouir, jouir de tout, de rien, l'âme en joie, en fête, en nous.
Et jouir de la lumière, de la beauté, de la grâce et de la légèreté.
Et jouir à en perdre haleine pendant que la vie retient son souffle.
Au bord du bassin qui ruisselle et chantonne une ode aux poissons.

Desquamation

J'ai l'corps qui part en lambeaux
j'perds des morceaux d'peau
pauv' d'moi par kilos d'oripeaux
j'ai tout qui desquame sur moi
pourtant j'perds pas d'poids
allez comprendre pourquoi
J'ai l'corps qui part en lambeaux
mais l'cœur reste toujours beau
j'mettrai d'la crème sur ma peau
de la tête aux pieds par kilos
si vous venez dans mon dodo

Dialogue familial viral

– Maman, y a que des Zorro partout !
– Oui mon chéri, c'est à la mode ces temps-ci. C'est un nouveau jeu, faut attaquer un virus.
– Moi, je préfère attaquer des minus.
– Mais, mon chéri, où est le plaisir d'attaquer des zéros ?
– Ben, c'est plus fastoche maman, je gagne à tous les coups.
– Toi, tu préfères jouer les Macron, si je comprends ?
– C'est ça maman, les Macronéconomiques, car on peut dévaliser les pauvres.
– Mais qui t'a appris une chose pareille ?
– C'est papa, ce matin, pendant l'équitation.
– C'est bien un banquier, ton père !
– Non, un macroniste, qu'il m'a dit.
– On dit « m'a-t-il dit », mon chéri. Il faut parler correctement, surtout si tu veux être banquier.

Solitary Lust confined

Je n'ai plus que ça à faire dorénavant
seul-e dans mon morne appartement
astiquer la vaisselle longuement
pour qu'elle mouille abondamment
sous ma main qui loche rêveusement
en pensant au jour déjà loin maintenant
où je jouissais encore d'accouplements
torrides comme un estival printemps

Chaque

Chaque jour passe
chaque vie trépasse
chaque présent a son passé
mais pas toujours d'avenir
chaque sourire est une promesse
chaque instant est l'éternité
chaque amour est un poème

chaque poème est une lumière
chaque lumière est un bonheur
chaque bonheur est un rire
chaque chemin est un aboutissement
qui mène à toi qui mène à vous
qui mène à moi qui mène à tout
chaque regard est une vie
chaque vie est un espoir
chaque espoir est une liberté
chaque liberté est une jouissance
qui aiguise les sens
éveille le désir
et attise la vie
je ne suis que de passage
entre vous et vous

Commisération

Pauvre de toi
dans ta solitude confite de confinement
va falloir prendre ton mâle en patience
nul espoir de lascivités prochaines
le virus guette tous crocs dehors
prêt à s'inviter dans les duos frivoles
Allez prends ton mâle en patience
c'est carême mamma mia
pour les amants délaissés
un peu de jeun copulatoire et
une cure d'affûtage des sens
aviveront les désirs piaffants
Patience patience
la licence reviendra un jour !

Matinale

S'assoupir d'ennui
au fond de son lit
le regard avachi
sur l'horizon qui luit

puis elle surgit
vous emportant vers la vie
d'un jour réjoui
où l'amour rit !

Propice

Aujourd'hui est propice à l'amour
l'amour à la séduction
la séduction au désir
le désir à l'extase
l'extase à la lumière
la lumière à l'horizon
l'horizon à l'éternité
l'éternité au temps
le temps à l'instant
l'instant à la vie
la vie à toi
toi à tout
au présent qui m'habite
au futur qui m'invite
au bonheur que je suscite
au jour qui m'accueille
au bonheur qui me cueille
au fond de vos yeux

Abstraction

Abstraction
tout n'est qu'abstraction
dans un monde en suspension
la réalité se dissout dans le confinement
Comment vivre entre parenthèses
quand votre esprit vous pèse
à force de tourner en rond dans ses illusions
Qu'est devenue la liberté de l'âme
dans un monde en perdition
embourbé dans les gesticulations
jusqu'à l'oppression de l'absurde

Le virtuel s'essouffle dans ses agitations
tant de factice chimérique
tant est vain si peu est essentiel
dans cette foire de maquignons superficiels
je n'aime que la réalité qui nous habite
viens vivons !

Déconfit

Seul avec soi-même
confiné dans sa tête
des pensées en goguette
des souvenirs qui s'émiettent
des sensations qui affleurent
en bouffées de nostalgie
corps contre corps
peau à peau
dans un halo de volupté
et le désir qui bruisse
les sens en ébullition
et le plaisir qui s'affole
confiné dans la tête

Ras le cul

Ce jour qui ne vient pas
ce soleil qui ne se lève pas
ce temps qui ne passe pas
ce désespoir qui ne se tait pas
et le silence assourdissant de la solitude
de l'emmerdé impuissant
face à la fiente buissonnière
qui se répand insensiblement
sans égard sans ménagement
pour l'ego susceptible
mais le bide en a cure
il fait sa vidange dantesque
son nettoyage de printemps
avec une générosité apocalyptique
pour qu'il reste svelte assurément

Exhortation par temps de crise

Le plus sage, c'est le fou, n'en déplaise à tous les pédants aux airs de supériorité.
La sagesse est en celui qui ne sait pas qu'il est sage.
En celui qui n'a pas de raison raisonnante, qui est immunisé contre toute idéologie intolérante.
À celui qui n'hésite pas à se remettre en question, à changer de disque et de cap.
J'aime tant être fou dans un monde qui déraille, voir la lumière dans l'obscurité qui gagne ce monde en sursis d'avenir.
Entretenir la flamme de la vie et de l'amour.
L'espoir est en germe dans chaque cœur qui croît sans ostentation.
L'humilité n'est-elle pas un chemin de vérité ?
Le sage est libre car il ouvre les yeux sans crainte, je crois.
Je n'ai que ma foi pour croire.
Et mon utopie…
N'écoute pas les faiseurs de vent, les sans-paroles méprisants, ne les écoute pas.
N'écoute que ton cœur et tes élans ardents.
N'écoute que ton éthique et tes sentiments.
Le pouvoir rend bête et inhumain, le plus souvent.
N'oublie pas que tu n'as qu'une valeur ici-bas, celle que tu t'octroies. Et elle est immense, crois-moi.

Vœux pieux

Je veux du sens
je veux des sens grisés par des lèvres incandescentes et affamées
je veux des volées d'indécences
je veux des petites morts à déflagrer une libido
je veux des fredaines entre des bras déconfinés
je veux ce qu'elle veut et ne veut pas jusqu'à me répandre en ivresses lascives
je veux l'entendre vocaliser à vulve déployée

je veux suspendre le temps des vertiges éprouvés pour les savourer
je veux retrouver la voie de la chair prolixe
je veux du sens dans mes sens et de la futilité
je veux vivre sans retenue jusqu'à l'absolu liberté

Dans son nichoir

Ma généreuse ma tourterelle
ma ritournelle éclatante
l'allégresse à bras-le-corps
tu voles de douceur en humanité
avec cette lumière apaisée
que je ne peux que vénérer
d'un regard énamouré
sur sa source de lumière
paisible comme le bassin
où elle médite

La gueuse

La gueuse rit de toutes ses dents avariées
elle est repue à force de festoyer
depuis des mois dans le monde entier
la gueuse rit de tout cet amateurisme dévoyé
de docteurs Folamour indignes de gouverner
un Peuple désabusé d'être méprisé et étranglé
Comment redresser la tête quand on n'y croit plus
Comment se révolter contre les exploiteurs obtus
La gueuse rit de toutes ses dents ensanglantées
elle est à la fête dans un monde ravagé
par ses propres dérives insensées

Petite histoire grivoise

C'est l'histoire
d'un con-finement émancipé
qui se fait la belle pour faire le beau
devant une bite amarrée de traviole
avec sa trique traquée par elle-même
qui veut prendre son pied sans truquer
dans un con-sensuel con-sentant
à un emboîtement orgiaque sacrilège
que vous ne connaîtrez pas…

Mouvement immobile

Je marche dans mon cœur
je marche avec ma vie
je marche dans tes yeux
je marche dans tes rires
je marche dans tes rêves
je marche sur l'horizon
assis dans mes pensées
sur la terrasse ensoleillée

Rêverie

Un nuage dort
sur l'horizon paisible
il rêve de toi

Confidence

Le temps suspendu
à ton regard éperdu
frissonne d'aise

Alcootest

Monde à l'envers
le Sud fait son Nord
pendant que
le Nord joue au Sud
la Terre perd la boule
surtout pas perdre espoir
y reste l'amour et
un pichet de Corona !

Enchantement

Le soleil enchante
mon cœur qui chante
dans un silence envoûtant
allégresse rythmée
par la musicalité des oiseaux
la vie s'épanouit
je suis la vie

Ironie confinée

La vie cultive l'ironie
mon cœur est ici et ma chair est là-bas
mon amour est ici et mon désir est là-bas
la vie rit de son ironie

Je ne suis...

Je ne suis qu'une handicapée des sentiments
depuis tellement longtemps
que je ne sais plus vivre autrement
pétrifiée dans mon isolement
pendant
que la vie m'attend
dehors les bras accueillants
je ne suis qu'une handicapée des sentiments
Jusqu'à quand ?

Confession déconfinée

J'aime les corps prolixes qui ont du cœur
et les cœurs complexes qui ont du corps
j'aime que la vie vive à vif
et vivre dans le vif de la vie
Des oiseaux chantent au-dessus de moi
dans une brume de soleil. Je ma
Une forme d'allégresse flotte dans l'air
la vie est belle le sais-tu la vie est belle
Je suis la vie que je me donne !

Question d'éclairage

Bruno a bruni
à vue d'œil devant une
femme éclairée
si éclairée qu'il a pris
un coup de soleil…

Je n'ai plus l'âge

Je n'ai plus l'âge de courir
plus l'âge de stresser
de m'illusionner de perdre du temps de reconstruire le monde
ni l'âge de mourir
y a-t-il d'ailleurs un âge pour m de la plage ourir
franchement entre nous
bien sûr que non
mais j'ai toujours l'âge de mes désirs
l'âge d'aimer et de jouir
de jouir d'aimer et de rire
rire de désir

Déconfinez-moi !

J'croyais fondre abondamment confit dans l'confinement
j'ai pris du poids assurément à r'garder le temps à r'garder le temps
enrobé ma bedaine confusément qu'ça gonfle l'épuisement
déconfine-moi vite maman avant qu'ton fils finisse en condiment

#Missionimpassible

Réjouissez-vous braves gens
ils vous exploitent vous extorquent vous méprisent vous mentent
et vous aimez ça !
Réjouissez-vous donc elle revient
en quatrième saison la bande de
Mission impassible
vous allez pouvoir serrer les fesses
et ouvrir le porte-monnaie.
Et ce n'est pas une légende…

Climat au logis

Le sud est lunatique ces temps-ci
il ne supporte pas l'enfermement
tantôt le ciel sanglote tantôt il boude
Derrière son voile ronchonnant
il ressasse son humeur confite
en rêvant de plages édéniques

Aveu de faiblesse

Fragile si fragile
et si libre
et si démuni
démuni d'être libre
mais de quoi
de qui

pas de moi
si fragile et vulnérable à la fois
d'avoir voulu être fort
pourquoi contre qui
fragile si fragile
à quel prix
pour mieux retrouver
la fraîcheur de l'enfant
baisser la garde
et vivre simplement
simplement

Le sens de la vie

La vie a du sens
si tu lui en trouves
Si tu trouves du sens à ta vie
chaque jour est joies petites ou grandes
son premier sourire du matin
la beauté de la nature d'une l'oiseau en émoi
même dans l'obscurité il y a de la lumière
La vie a du sens
celui que tu lui donnes

Paradisiaque

Je vis au paradis
comme suspendu à l'éternité
dans une nature qui bruisse chante s'épanouit
au soleil de l'amour
je vis au paradis
dans un apaisement végétal
qui frissonne au vent et me sourit
et cet amour qui nous relie
au paradis je vis

Péché original

Ce corps à la chair pulpeuse
pêche radieuse mûrie
au soleil du désir
péché délicieux
entre mes lèvres affamées de vie
ou… festin orgasmique
dans une tête confinée
ô femme Graal sensuel
délivre-moi du mâle

Histoire de datte

Telle la chair d'une datte
qui se rend sous ses dents et
fond dans sa bouche gourmande
il la sent voluptueusement
céder à ses effractions guidées
        avec délectation
par son nectar aussi intime que subtil
qui envoûte une langue entreprenante

Dilemme cornélien

Mon chéri faut arrêter d'libertiner
l'virus n'aime qu'la fidélité sinon
même pas un bécot pour s'marrer
t'es t'y prêt à n'désirer qu'moi
à n'lutiner qu'entre mes bras
vais-je t'suffire pour étancher
ton pousse-au-crime buissonnier ?

Faudra ben avec l'aut' aux trousses
promis j'vais m'ranger des libidos
au fond de toi ma biche aux abois
Pour faire la nique au virus
qu'est-ce qu'on n'ferait pas
on peut même p'us partager
l'goulot d'la bouteille de rhum…

L'appel du large

Ma chair ma vie
chair envie
en feu
enfin
je suis

en vie en chair
et puis

tout est impermanent
seul l'amour
subsiste
éternellement

Tout ou rien

Toute cette pluie qui grise une terre blasée
tout ce ciel plombé où que le regard soit posé
tout ce temps trépassé de nous avoir rassasié
tout ce bonheur intense de t'avoir rencontré
tout cet amour libéré d'avoir osé aimer
toute cette quiétude sous le soleil retrouvé
hier n'est plus aujourd'hui n'est pas demain
ne te perds pas en chemin la route est longue
jusqu'au but qui t'anime même si tu ne le sais pas

Chasteté

Cet amour chaste qui nous unit
aussi chaste que le jour qui vient
pour envelopper nos vies
d'une nouvelle énergie

Histoire d'o...

C'est quoi c'truc rigolo
qui m'tombe sur l'ciboulot ?
C'est la fin des haricots
ou l'début des asticots ?
C'est l'rappel que j'suis zéro
pourcent éternel dans mes oripeaux ?
Qu'i' vaut p'-être mieux arrêter l'turbo
si j'veux aller faire la bête à deux dos
un jour sur une plage d'Monte-Carlo
suivi d'un double expresso avec Garbo ?
Tout est une question d'verre d'morito
à demi-plein ou vide d'eau...
Demandez à mes potos d'là-haut.

Grosse fatigue

Écrasé d'épuisement
le regard hagard posé nulle part
le corps usé le cœur malade
d'avoir été tant sollicités
et tellement donné
à une vie remplie de vitalité
Demain est un autre jour
une autre vie un recommencement
depuis le premier battement
il y a longtemps si longtemps
et pourtant j'attends la vie
et je la respire avec envie
chaque jour avec l'amour
d'un mort de faim affamé
dans les bras d'un bonheur
gorgé d'amours infinies
sous ce soleil flamboyant

Confusion

Le jour d'après le jour d'avant
je perdrai le sens du temps
Qui me prête un sextant
pour recouvrer l'entendement

Victimisation

Oui mais moi oui mais moi
oui mais quoi toi
ça n'arrive qu'à toi toi tu n'as jamais de chance
toi tu as peur toi tu ne sais pas
toi toi toi
sors de ton nombril vas vers la vie
cesse de te faire des films de te trouver des excuses
ta vie t'appartient personne ne t'en donnera les clés
si tu ne les prends pas
rien n'est facile rien n'est donné à personne
contrairement à ce que tu veux bien croire
afin de justifier ton immobilisme
deviens toi et fais avec qui tu es
l'autre n'est qu'une ligne de fuite
pour entretenir la plainte
la vie est une question de foi
de dépassement de volonté
de lumière même dans l'obscurité
crois-moi ose ou aies au moins
la dignité d'assumer tes limites
et d'en rire car le rire est la porte
du bonheur et de l'amour

Incantation

Ô soleil ! Astre
ardent qui me subjugue
de bonheurs simples

Admiration

Me noyer dans ces yeux translucides
me prélasser en leur mystère insondable
regard envoûtant à la beauté qui irradie
d'une exaltation indéfinissable
et ce corps aux arabesques limpides et pures
Rien n'est plus beau que l'inaccessible

Magique

Voir la nature s'épanouir autour de soi
la sentir chanceler en soi
beauté insaisissable de la vie
j'aime ce qui m'échappe
la grandeur de l'éphémère
enveloppé de cette douceur
inénarrable du temps qui passe
imperturbable compagnon des
jours. J'aime me savoir périssable
pour mieux savourer chaque instant
d'une vie remplie d'imprévisible
vivre la lumière du moment
plutôt que de s'encombrer d'après
je suis tout car je ne suis rien

Masques à rade

Tous ces sourires masqués
qui déambulent alentour
Ne te sens-tu pas orphelin
de cette lumière spontanée
qui éclaire les visages
esquissant une fugace caresse
les lèvres et des yeux ?
Quel plus beau cadeau
qu'un sourire impromptu !

Le sais-tu ?

Être handicapé dans sa tête, c'est être handicapé dans sa vie sacrifiant sa liberté et ses rêves pour des regrets arides et infinis
Regarde en toi et autour, tout est mouvement
ne sens-tu pas les vibrations du temps ?
La vie t'attend, crois-moi, comme la fleur attend l'eau !

Déclaration d'amour

J'aime ces bouffées d'amour qui me saisissent d'un simple regard posé sur toi
sur vous sur tout
tout ce qui vit
j'aime chaque instant qui s'égrène
j'aime être surpris être dérangé être brassé être compulsé par la vie qui m'a été prêtée
je n'aime pas souffrir mais c'est la vie je n'aime pas mourir mais c'est la vie
tous les jours on meurt un peu plus en soi pour renaître un peu plus autre

Ô que j'aime ces bouquets d'amours impromptues qui parfument soudain le cœur et l'esprit
c'est si bon d'aimer d'amour d'aimer par amour de la vie de soi et de l'autre
toi toi encore et toujours toi si proche ou si loin de moi

Nudité intégrale

Nu
être totalement nu
de corps et d'esprit
tessiture d'une liberté
à fleur de paix avec soi-même
Et cette aisance du bien-être
si insaisissable par la raison

Cherchez la nudité qui libère
des pesanteurs existentielles
ouvrant des horizons indéfinis
à la confiance en soi et en l'autre
Cette nudité qui assume sa vérité
transparence des cœurs et des corps
déploiement paisible de l'autonomie

Liberté individualiste

Y'a c'ui qu'en met
y'a c'ui qu'en met pas
ou plus ou avec désinvolture
y'a l'convaincu soucieux
de la sécurité collective
et l'pas convaincu du tout
y'a le « moi-je » et le « nous »

Et ce virus qui fait mettre bas les masques
à une citoyenneté à géométrie variable
qui oublie que la liberté est le bien commun
d'une démocratie où la rue n'est pas
« chez-soi » mais « chez-nous »

Le chant de l'impermanence

Ad vitam marcher dans des champs d'étoiles
mon Amour
ne suis-je pas mon propre champ
le chant de mes étoiles
ne suis-je pas fleur oiseau arbre
ma propre nature la nature qui est en toute chose
mon Amour
ne suis-je pas un peu nous et beaucoup tout
la tramontane me souffle des mots doux des mots fous
de cette folie qui fleurit au soleil de l'amour
et ne fleurit qu'a ce soleil-là

Mea culpa je ne suis qu'une étoile fileuse
dans un monde si frileux face aux libertés
je file le parfait amour et les jours imparfaits
en tissus d'amours toujours à venir
je ne sais pas être sérieux et sage et soumis
qui étais-je hier si ce n'est le ferment d'aujourd'hui
et qu'importe qui je serai demain si tu m'aimeras encore
je ne rêve que d'être pris dans des bras aussi accueillants que
la vie qui me tient lieu de vêture
je deviens vétuste mais je deviens toujours
tant que je peux respirer l'amour
et manger du soleil et de la lumière et du vent tous les jours
tous les jours
ad vitam

Cycles

Mettre le feu aux mots afin de retrouver la flamme qui s'estompe au fond de tes yeux !
Comment ne pas le voir, le sentir, tu n'y crois plus, ou si mal ? Y as-tu d'ailleurs déjà cru ? Y as-tu déjà cru ? À cette part au fond de toi qui brille malgré l'obscurité insistante de tes pensées ?

Nous sommes des fleurs. C'est beau une fleur, c'est d'autant plus beau que c'est éphémère et éternel. Mort et renaissance.

Elle éclot, s'épanouit, fane et revient l'année suivante toujours aussi souriante, avec son éclat si réjouissant. La fleur ou la saison ou le temps où l'amour ou le désir sont. Inestimable humilité du temps qui s'écoule entre les pétales, les doigts ou les cœurs. Nous sommes la vie. Sommes-nous encore Amour ?

Mais qui peut vivre en courant après le tant ? Le sens s'essouffle. Le sens-tu ?
Nous sommes des vagues. Des vagues majestueuses dans un océan de vies qui s'écrasent au bout du voyage sur des berges de sérénité impassibles. Tout n'est que respiration, inspiration et expiration. Va-et-vient, allers-retours, je ne suis qu'un minuscule rouage dans un mouvement cosmique qui dépasse la raison raisonnante. Cessons de raisonner, soyons !

Mettre le feu aux maux afin de trouver du sens sous les braises du superflu qui étouffe tout. C'est possible. C'est pensable ?
Je n'ai que ma vie et mon amour à offrir, aussi fragiles qu'uniques, elle vaut ce qu'elle vaut, je t'en fais volontiers cadeau, c'est ce que j'ai de plus précieux au monde, à part toi. À part toi. Et le temps qui file à la vitesse de la lumière dans les yeux, comme un sourire malicieux et gourmand.

Bonheurs simples

Une effusion solaire
un regard caressant
un sourire lumineux
un éclat de rire
la pluie qui verdit les jours
une femme qui jouit et m'enlace
une femme épanouie
un enfant câlin
un amour qui respire
un amour libre
un chant au hasard des pas

cette musique au fond de moi
les couleurs de la vie qui grisent les yeux
un cœur qui bat un cœur qui bat
la force tranquille d'un arbre
et toi qui m'as appris qu'il faut
être faible pour être fort
fort pour être libre
libre pour être vrai
vrai pour aimer sans détour sans attente
simple don de soi
Faut-il souffrir pour apprendre à savourer les plus petits instants de bien-être
à saisir les plus petits moments de bonheur
Sommes-nous tellement repus de nous-mêmes que nous avons désappris à apprécier le peu

La vie est un rire insatiable
viens dansons sous les étoiles
je suis au firmament de l'amour !

Intégristes

N'y a-t-il plus que
des intégristes pour avoir des convictions vrillées dans le crâne ? Au pire, jusqu'à la folie meurtrière. Au mieux, jusqu'à l'intolérance.
Des radicaux rancis par les aigreurs et des angoisses à tire-larigot.
Des allergies à la liberté. De conscience, de pensée, d'opinion, d'expression, de mouvement, du culte.
Rien n'est plus triste que
de s'imaginer détenir la vérité au mépris de celle de son prochain.
Que leur déité les sauve de ne pas être arrivée à leur montrer le chemin de l'amour universel ! Celui de la symphonie et l'harmonie des croyances, des couleurs, des religions ou des cultures.
Qu'est l'amour ? Mais qu'est l'amour ? Qu'est le respect des différences ? Mais qu'est le respect de son prochain ? La

Terre est si grande, la nature si belle, la vie si courte, pourquoi vouer aux gémonies ce qui dérange ses principes et ses croyances ? Je n'ai que des questions et de la compréhension.

Je ne sais plus et pourtant

Je ne sais plus le goût de sa peau
la saveur de son sexe la volupté entre nous
et pourtant je l'aime comme un fou
jusqu'à me noyer dans ses yeux et son cœur
Est-ce cela l'amour ?

Histoire d'eau

Libido
au dodo
sans un mot
ni oripeaux
jetés presto
pour bête à deux dos

Libido
point d'O
en duo
ou méli-mélo
peau à peau
dans un rodéo
de vertigos

Perplexité

Quel est ce mal que tu transpires
et nous sépare
tel un virus rétif à
un amour debout
ce mal qui me tutoie

et me transperce
malgré toi malgré nous
et te ronge et nous plonge
dans un cloaque de perplexité ?
Vivre est un étrange chemin en vérité

Seul l'éphémère est éternel

Poèmes écrits
dans une tête en l'air
un cerveau en terre d'argile
gribouillés sous un coin de couette
au fond de la nuit avant
que le sommeil n'absorbe tout

Après tout peut-être que
seul l'éphémère est éternel

Poésie fugace que tu dénicheras
sur un bout de nuage ou
la queue d'une étoile qui file
le jour où tu prendras la tangente
vers les champs cosmiques

Crépuscule vibrant

Au débotté
la lune dans la ramure d'un arbre
fugace clin d'œil céleste
qui émeut un champ d'étoiles
Lune gravide de mes songes
ronde et mystérieuse
comme la vie au firmament
traversée par des battements d'elle
sous une envolée d'ailes
tout en moi chante
sous la lune
Suis-je oiseau
soudain

À chacun sa religion

Délectable *Corpus Christi*
que le tien
cloué sur ce lit
par mes lèvres et ma bouche
et tes petits cris de suppliciée
sauvant mon humanité éperdue
en te sacrifiant par Amour
jusqu'au coup de grâce
au fond de tes entrailles
bénies par mes semailles

Tristesse humaniste

Je pleure
les femmes niées
violées spoliées outragées
je pleure
les enfants maltraités
délaissés humiliés exploités
je pleure
les inégalités les perversités
les intolérances les arrogances
les racismes les sexismes
je suis
vieux jeune beau laid
noir jaune gris vert
allié relié délié
Amour-eux
fou sage
qu'importe
je ne suis pas une apparence
je m'oriente au gré de ma liberté
le reste vous savez
si mon prochain est respecté…

De mots et de chair

Et le verbe se fit rimes
car la vie est un poème
une fable sans morale
un conte des mille et un jours
et la rime prit chair
et la chair prit sens
car la vie est un poème
dès que sur toi
je me promène

Tout est une question de respect

Comment sentir la beauté de l'être, l'autre, son voisin peut-être, avec un esprit nourri aux préjugés ?
Comment voir la beauté du monde avec un regard raciste ?
Quelle est cette peur épidermique du dissemblable, ce danger présomptif pas « comme moi » ? Pas dans ma norme. Cette norme-alitée d'avoir épuisé toutes ses ressources pernicieuses.

Je suis noir, kurde, arabe, rom. Je suis George, Adama et tous les autres, tant d'autres, trop d'autres. Je suis femme, forme, flamme. Je suis transgenre, extraterrestre, transitoire. Car je suis la Vie. Et la vie est multiple, singulière, libertaire.
Je suis la Vie !
Et j'en suis fier.
Et je suis triste…

On ne naît pas raciste, sexiste, intégriste, pas plus que handicapé, on le devient. Par conditionnement. Ne l'oubliez jamais !
Tout ici-bas n'est que peurs, défiance de l'inconnu, de l'incarné, de l'insaisissable. Culture du déni jusqu'aux délits.

Dieu m'a sauvé, je suis areligieux ! Alléluia.

Je ne crois qu'à l'Amour sans détour. Je ne crois qu'à l'humanisme. Au culte de la complémentarité. Je suis mon propre Dieu en mon Éden fleuri de sourires et d'amours infinies. J'ai jeté les étiquettes à la déchetterie. La fatalité n'existe pas. Le fatalisme, ce désistement déshumanisant, ne ronge que les asservis.
Je t'aime comme tu es. Où que tu sois.

Crépuscule chatoyant

Dansent
les reflets du soleil couchant
dansent
sur moi
dessinés par les feuillages
qui valsent au gré du vent
brève allégresse picturale
d'une luminosité câline
sur la toile de mon corps

Les sorcières

Peut-être que
je n'aime que les sorcières

Libres et connectées
à l'Impalpable Grandeur
de l'Être
depuis la Nuit des Temps

Libératrices de maux
à l'aura divinement incarné
j'aime les sorcières
d'une beauté ineffable
qui me transporte

Contaminé

Contaminé
je suis contaminé
gravement
irrémédiablement
je suis infecté avec délice
par le virus séditieux de
    l'amour
vous savez ce virus
qui vous ravit le cœur
au détour d'un regard
d'un sourire d'une parole
d'un silence caressant
vive la vie je suis foutu
    sans rémission

Mon livre d'images

Y'en a qui s'emmerdent
mais qui s'emmerdent
à longueur de journée
– J'm'ennuie, j'sais pas quoi faire !
Moi j'ai pas l'temps
j'regarde mon livre d'images vivant
pour le passer tranquillement le temps
ma p'tite bédé de pied en cap m'aime tant
qu'elle en rajoute une couche constamment
c'est beau l'amour qui souffre sans compter
pour mes beaux yeux juste mes beaux yeux
ma tatouée c'est toute une histoire
que j'lis passionnément
sur sa chair déployée
pour mes beaux yeux
uniquement
pour l'instant

Un couple

Je t'aime parce que je t'aime
je suis moi tu es toi
et pourtant nous sommes
l'amour qui nous unit
je t'aime comme tu es
je t'aime parce que tu es
tu ne m'appartiens pas
tu ne peux pas puisque je t'aime
je ne t'appartiens pas puisque tu m'aimes
je t'aime libre et imprévisible
je t'aime parce que je crois en toi
peut-être davantage qu'en moi-même
je t'aime autant que la vie
qui nous rapproche
dans le Mystère du Temps

Que nous soyons deux ou trois ou que tu sois
la vie simplement la vie
je t'aime mais que je t'aime !

Naturisme

Le ciel se dévoile
le voile se dilue dans l'infini
une beauté resplendissante
fait jour
tout n'est plus que
Soleil
Lumière
Rien n'est plus beau que
la nudité céleste
mes amours

Petit monarque

En son royaume déclinant
un monarque blablate mais blablate
discourant pour ne rien dire
pour passer le temps peut-être ou
se donner des airs de monarque de temps en temps
pour se croire important assurément oubliant que
l'on n'a que l'importance que l'on se donne
Pauvre monarque décadent à force d'être impotent
triste sire pathétique qui se raccroche aux branches
de ses illusions hépatiques et à son trône branlant
petit monarque grandes illusions
la vie est rude pour les psychés transies d'orgueil
car seule l'humilité vous fait Homme ici-bas
il faut avoir le sens du Peuple et de la Justice
pas celui du bla-bla de serpent à sonnettes
qui ne pense qu'à endormir ses proies

Une histoire de temps

Je n'ai pas le temps de voir passer le temps
il passe trop vite le temps d'une vie
Temps des cerises ou des méprises
Temps de l'amour ou des amours
Temps présent ou pressant
La vie défile au gré des sentiments
et de mes rêves foisonnants
Aime-moi longtemps !

Fusion

Femme
éternelle femme
au fond de toi
je suis
au centre de la Terre
la tête au firmament

Ton corps danse
au-dessus de moi
tes bras tels des branches
volent au vent

Femme
éternelle femme
au fond de toi
qui suis-je
dis-moi

Écriture céleste

Sur fond d'azur
la vieille ramure
imprime des striures
de ses feuilles mûres
sur l'immense parure
d'un ciel pur
La vie est une aventure
écrite par la nature
de nos douces morsures
d'amours sûres
que le vent efface
pour nous réécrire éternellement
dans le sillage du temps
ne laissant que la trace
de nos souvenirs
sur fond d'azur

Orgie larvaire

Ça grouille
ça longe
ça ronge
ça rogne
et ça gratte que ça gratte
jusqu'à la folie
au fond du lit
je suis le

chantre du Monde
rongé par ce
chancre de la Terre
qui grouille qui grouille
jusqu'à dévorer
mon songe

Les vieux

Madame assurément
préfère les vieux amants aimants
un tantinet branlants mais encore un peu vaillants
aux jeunes branleurs fringants et arrogants
dents longues et envahissants
Madame s'assure finalement
de la chaleur et un plaisir sûr sans être certain
mais somme toute sa convenance
sans exigence autre que de passer du bon temps
Que voulez-vous c'est plus jaloux un vieux sage
plus possédant et possessif comme les coquelets
ça partagerait même ses dents si nécessaire
Madame a opté raisonnablement
pour une tranquillité d'esprit omnidirectionnelle
au cas où une direction ne serait plus opérationnelle
à sa façon Madame est sage en prenant la voie du Milieu
celle des vieux décatis convertis à l'autonomie

Objet de désirs, sujet de plaisirs

Être l'objet de ses désirs
le temps d'une envolée de délires
corps des soupirs cœur du plaisir
être porté emporté transporté
au gré de sa fringale charnelle
quand sa sensualité est débridée
être le fruit de sa libéralité libérée
jusqu'à sentir son antre s'inonder
de jouir d'avoir manqué de nous
Être l'objet de son désir

Fiesta erotica

Cul nu chatte incandescente
sous sa robe évanescente
soleil au zénith de l'horizon
elle va elle vient elle vaque
sa sensualité me traque
et me croque au détour
d'un baiser ravageur
de sa langue impérieuse
J'ai les sens en vrac
je bande je bande
vers le ciel qui transpire
comment résister à une femme
qui vous conspire ?

Accro

Il se shoote à elle qui le booste
toute sensualité dehors
d'une volupté qui lui dévore
les sens et le corps
Il est accro à cru à cor
et à cris les sens dessus dessous
il a un creux d'eux d'elle d'avant
pendant et après sa faim de chair

Mais gare trop de fantasmes tue le fantasme
le prévient une raison raisonnable
il a envie d'être fou tout le temps
d'y croire à sa déraison d'amant utopique
la réalité s'annoncera bien assez vite
Planer il faut savoir planer
la vie est une jolie folie une drogue douce
à savourer sans modération

L'horloge du temps

Le temps s'égrène sur la façade blanche au rythme de l'ombre qui avance
Horloge naturelle que la grisaille éteint le temps d'une humeur maussade
Entends-tu le tic-tac des jours qui s'écoulent dans le sablier d'un temps déterminé
Je suis l'amour que je te donne je suis l'amour que tu me tends
Le temps nous est compté aimons-nous intensément et la grisaille sourira
Je t'aime parce que j'aime la générosité insaisissable de la vie
Je vous aime parce que je ne suis pas sage donc libre d'aimer sans frein ni loi…

Ne me parlez plus de handicap

Avec l'âge
s'envolent les ultimes illusions
le temps rabote certains espoirs jusqu'à la corde
Il reste les rêves à réaliser et la liberté d'être
J'ai fait ce que j'ai pu avec ce que je suis

Tout est une question de choix j'ai choisi
depuis fort longtemps
la vie m'ayant enseigné que
même le non-choix est un choix
l'oublier c'est se résigner à être victime de soi-même

Mon choix est fait
je suis un homme libre pas un handicapé assisté
je vis et je ris j'ose et j'aime
Avec l'âge
la sagesse prend racine avec… ce petit grain de folie
qui la caractérise tant

Adoration

Ses seins !
Ses seins si onctueux
si veloutés et fragiles
dans ma bouche
Dans ma bouche éblouie
par tant de douceur volubile
et cette chaleur incomparable qui fait
irrésistiblement danser ma langue
Ma langue insatiable
caresse volubile sur ta poitrine offerte
qui me tend les bras et me donne le la

Chaque baiser est une vénération
une célébration de la Femme éternelle

Si vous saviez comme je me sens démuni
et recueilli devant vos seins fleuris
le regard ravi par ce Mystère de la Vie
qui me nourrit l'âme et les sens à l'infini

Griserie émotionnelle

Ces mots qui s'immiscent émotions intimes qui s'agglutinent
dans la cour de mes inspirations d'amours ou d'humeurs
ce verbe qui veut prendre chair pour me donner sens me donner vie
que serais-je sans toi poésie un mort vivant qui survit dans les griffes de l'impéritie
quand tu versifies « les amours aux amours ressemblent »
Louis l'amour ne t'aveugle-t-il pas un peu
aucun amour n'est semblable sinon pourquoi aimer ce ne serait que routine et ennui
la vie ne vaut que pour ses griseries ces instants de folie de douces folies

Privation

Je n'entends plus les subtilités d'une nature
expressive et munificente petits craquements
impromptus bruissements fugaces frottements
intrigants je n'entends plus les petites bruits
de la vie cette musique volubile et subtile
que la nature distille au gré d'une partition
harmonieuse je n'entends plus le silence
alentour mais j'entends mon cœur qui bat
le temps qui va j'entends l'amour
dans tes yeux lumineux j'entends la vie
qui flamboie de mille feux et j'entends
le désir comme un enchantement lorsque
le jour me susurre doucement que tu
viendras avec tes bras éloquents
j'entends l'amour et je vois la vie qui chante

Floraison intime

Le bourgeon de Sophie crie
le bouton d'Hélène bêle
le pistil de Lucie rit
comment ne pas aimer entretenir
ton jardin intime Femme-saisons
butiner ta fleur et s'enivrer de son nectar
ivresse des corps et des sens
comment ne pas chérir ta fertile effervescence
Femme-essence essentielle lumière
ma folle jouissance mon impénétrable crédo
comment être raisonnable auprès de toi
Femme-Éden de mes désirs les plus doux et les plus fous

Les trois grâces

À Gaby, Marie et Jill

Que serais-je sans elles devenu ? Qui serais-je sans elles advenu ? Le balbutiement de mon ombre, un mort-vivant mort bien plus que vivant, tellement mort dans sa survivance qu'il aurait lentement crevé de dénuement ? Probablement. Très probablement.
La première m'a fait homme. La seconde m'a fait mâle. La troisième m'a fait libre. Les trois m'ont proposé du sens. Par leur présence et leur amour insensé, elles m'ont tant insufflé. Intronisé dans mon humanité spoliée. Simplement en me présentant les clés pour m'incarner dans ma vérité. Je les ai saisis telle une offrande de vie à faire fructifier en mon jardin intérieur.
Personne ne peut donner la liberté, du sens et de l'humanité, personne. C'est à chacun de les trouver et de se les approprier dans le miroir de l'amour de soi.
Ce miroir que l'amour sait si bien tendre aux esprits qui gambadent en liberté dans la prairie du temps qui passe.

Vieillir

« Mais vieillir... ô vieillir. » J'étais trop jeune, Jacques, trop fougueux, trop pétri de vie et d'envies, pour pénétrer le sens de tes mots – maux ? –, pour entendre. J'avais alors la tête aux Marquises – mes Marquises à moi. Chacun ses rêves, ses possibles. Je débordais d'énergie, de sève insolente.
Mais vieillir qu'est-ce qui m'a pris ?
Et pourtant c'est aussi la vie. C'est encore la vie.
Au ralenti. Vivre au ralenti en vieillissant irrémédiablement.
Avec le joug des ans et les souvenirs des folies d'antan qui s'éloignent, qui s'éloignent insensiblement.
Cédant la place à un corps aux balbutiements redondants. Enchaînement de bégaiements d'organes, de symphonies pathétiques, de déraillements physiologiques. Même l'énergie est devenue atonique. Elle si atomique... avant.

Ouvrard, sors de ce corps ! « Ah mon Dieu qu'c'est important d'être bien portant ». Certes mais…
La vie n'est pas une partie de plaisir tout le temps, même si elle est remplie de fredaines profusément.
C'est comme les appareils ménagers, un corps, tout se détraque en même temps.
Mais, après la pluie, le beau temps. Ou une accalmie de temps en temps, avec ardeur. Ardeur !
En attendant, je me liquéfie organiquement. Je titube mon allant d'antan, mon entrain exubérant.
Je me souviens, avant je courais devant. Je cours derrière dorénavant. Derrière quoi ? Maman !
Sois grand maintenant, avec l'âge faut voir la vie autrement, dirait-elle sûrement.
La sagesse vient en vieillissant. Sinon la sénilité t'attend au tournant.
Vieillir n'est rien qu'un bain d'humilité et de modestie en souriant. Au soleil, à l'amour, à la vie qui vit encore, au présent, à la nature, à l'instant, à l'amour toujours, et au temps qui chemine doucement.
Vieillir et vivre. Réduire la voilure, ça s'apprend. J'apprends donc. Laborieusement. Mais j'apprends.
À vieillir, reconnaissant de ce que j'ai vécu et de ce que je vis à chaque moment.

S'adapter, encore et toujours s'adapter. Je suis Sisyphe et Diogène.
J'apprends continûment. À remettre sur l'ouvrage ma vie en partage.

Ralentissement. Introspection existentielle dans cette vie qui me respire et m'aspire passionnément.
Renoncements. Aller dans le sens du vent, loin d'avant. D'avant quoi ?
Apaisement. Sérénité.
Éternité.
Je vieillis et je vis.
Je marche intérieurement. Et.
Je rêve encore entre vos bras.
Vos bras aimants.

Choisir

Ah choisir quel déchirement
entre noir et blanc peut-être gris aussi
choisir quel écartèlement
pour les indécis sans cesse hésitants
car renoncer c'est mourir et mourir
quelle frustration quand on n'ose pas
vivre tout simplement vivre
Mais vivre c'est exigeant par conséquent
autant ne pas choisir finalement
et attendre le bon moment
qui ne vient jamais étonnamment
Mais regretter fait passer le temps
en se plaignant abondamment
car tout compte fait ça fait vivre
de partager son dénuement

Ma sauvageonne

Connaissez-vous la cigale qui fourmille d'idées
à moins que ce soit une fourmi qui cigale d'envies ?
Ma sauvageonne schizophrène
qui dévore la vie comme ci comme ça
qui virevolte et se disperse dans ses idées pleines de « tout de suite »
et se démène et se disperse à cor et à cri
que voulez-vous elle n'a pas le temps de son appétit
plus vorace que ses yeux sertis de vie
De ma sauvageonne un peu brouillonne
je suis conquis   **conquisj'tador** !
Que voulez-vous elle est libre aussi libre que la vie
et la cigale qui fourmille et me séduit

Déclinaison

Enfant
il déclinait les verbes
Aujourd'hui
il décline lui-même
Ainsi en va-t-il
des lois de la Nature
Demain
il déclinera la vie
en la dégustant
à chaque instant
paisiblement
loin de l'agitation
du mouvement perpétuel

Hospice

Une chambre   nue
un lit   blanc
sur ce lit
un homme   nu
il lit
relié à des fils   à la vie
sa vie
Dans un recoin
un petit lit   blanc
pour elle
son ange   bleu
le regard posé sur un coin de ciel lumineux
Dehors des murs   blancs
entourés d'arbres   verts
irradiés de soleil et de vent
dehors la vie   rayonnante
dedans la vie   en suspens
dehors dedans bleu blanc
le cœur est   nu
lorsque le corps vacille

Attirance

Pas un brin de vent. Claudiquant, les vieux amants, toujours ardents, toujours amants, avancent sous l'auvent du temps. L'amour n'a pas d'âge, le désir guère davantage, uniquement le temps prend des rides.
Pas un brin de vent. Rien que l'amour les accompagne tendrement. Rien que l'amour. Et le silence chantant alentour. Et leur complicité d'amants. Ils s'aiment depuis si longtemps. Si longtemps, qu'ils en ont oublié quand. N'est-ce pas l'apanage de l'amour finalement ? Oublier l'horloge du temps.
Pas un brin de vent. L'horizon brasille joyeusement. Ils baguenaudent à l'ombre des arbres, dans un semblant de fraîcheur, mais pas de sentiments. Seuls, on entend leurs regards. Troublants de plus en plus leur flânerie d'amants.
Pas un brin de vent. Si ce n'est le souffle sortant de leurs bouches imperceptiblement. Les sourires sont soudain ludiques. Près d'un chêne accueillant, bien plus vieux que les vieux amants réunis. Leurs corps s'accroupissent en s'appuyant sur son tronc rassurant. Et se laissent glisser lentement. Après, ils sont amants, simplement et fougueusement amants. Avec des gestes tellement enveloppants, et cette connaissance de l'autre qui naît au fil du temps. Tout repose sur le temps et le tant.
Pas un brin de vent. Connaissez-vous des amants raisonnables ?

Hédonisme

Au cœur de la nuit
tout au fond du lit
bien-être suprême
seul
dans sa chaleur

J'écris

J'écris j'écris j'écris
pour respirer   me respirer
me réinventer   me retrouver   me réapproprier
                          me libérer   m'évader
voyager

j'écris j'écris j'écris
l'amour la vie la vie l'amour
l'amour de la vie la vie de l'amour
au bonheur des mots et du jour
j'écris comme on respire
j'écris dans l'ivresse du verbe de la chair et de la Terre
j'écris pour exister
pour être aimé
Par qui
elles ou moi ? Ou vous ? Phase de documents

J'écris sans rimes ni raisons
par gourmandise et goût d'une vie qui me grise
plutôt que de me perdre dans un mal qui me ronge
j'écris par plaisir

Cordialement vôtre

Ô toi
le plus intime de mon intimité
le plus précieux aussi
le chœur de mon corps
la fleur de mes émotions
prête à te révéler
à ce regard qui voyage vers toi
ce regard scrutateur et bienveillant à la fois
qui te rejoint pour t'offrir
une seconde vie
une autre vie
à cœur joie
cœur éperdu de toi et de toi de tout

et de vous mes cœurs de cible
car à cœur vaillant (presque) rien n'est impossible
J'aime tant vous aimer
et être aimé par vous que
je désire par-dessus tout
vous le savez bien
non ?
Ô toi
qui bat pour moi
bat la chamade près de vous
afin de vous aimer plus fort
voilà tu te dénudes
comportement
tu n'as plus rien à cacher
tu peux continuer à aimer
le cœur léger

Allegro vivace

Chambre au soleil
nuit de miel
danse des corps
chant des sexes
sexe tant
à en perdre le nord
battements de cœurs
chœur des amants
heureux
comme la vie
jusqu'aux soupirs
extasiés
respirons les nuits de miel
entre les bras d'un sommeil
amoureux
de nous

Te Deum
ou
Une *papylife*

Le calme retrouvé, le silence, la paix, la tranquillité. Enfin !
ENFIN. Ah Victor, que n'ai-je pas ton art d'être grand-père !
Grand quoi ?
Que cris et hurlements, rires et larmes, colères et cajoleries.
Tsunami d'émotions, déferlement de vie, rapports de force, rapports conflictuels. Assourdissement des sens dans une cacophonie qui semble inépuisable. Quand lui s'effondre misérablement, se délite piteusement, s'émiette, se rend, renonce devant une adversité indomptable : des lilliputiens plus virulents que des punaises de lit. Il ne fait plus le poids, le papy perclus de suavités environnantes, ramolli, il est ramolli par sa retraite flambée.
Il abdique, lui qui ne renonçait jamais… avant. Avant quoi ? Avant d'être grand-pire ! Il a trouvé plus coriace que lui. On trouve toujours. Un maelstrom des hauts de hurlevent ou des bas de contention.
Il attend donc. Il attend que la tempête passe, à moins qu'il trépasse avant. Papy, ce petit être stoïque jusqu'à l'abnégation. Groggy sous les assauts d'une vitalité irrépressible. Papy fétu de paille qui se cramponne à la table. Même manger devient du sport avec des angelots exubérants ou ronchonnants. Et pourtant qu'ils sont beaux, adorables, vivants, plein de tempérament, et si croquants par moment. Si seulement. Ils se posaient un peu de temps en temps.
Que c'est reposant, être papy de petits-enfants dormants, profondément. Reste plus qu'à se coucher aussi afin de récupérer un peu de la tornade de vie qui renaîtra demain matin…
Et dire que les parents…

Inquiétudes paternelles

Soucieux
il est un instinct qui ne trompe pas
comment ne pas être soucieux quand son enfant n'est pas heureux ?
Si mal heureux sous son apparence de « j'assure »
ses sourires forcés ses sourires tristes
le regard sombre torturé agité
il ne suffit pas d'être bon beau et intelligent pour être heureux
Il faudrait être tout simplement être soi être libre
dans sa tête et son cœur
pas dépendant surtout pas dépendant
de qui que ce soit mon enfant
de quoi que ce soit également
Comment ne pas être soucieux quand je te vois ?
Il ne suffit pas d'avoir tout pour être heureux
si l'on n'a pas confiance en soi si l'on n'ose pas
sauter le pas prendre son pied prendre des risques
prendre sa vie à bras-le-corps pour ne plus la lâcher
crois-moi mon enfant tu ne le regretteras pas
le plus dur n'est finalement que le premier pas
celui que tu as fait il y a bientôt 40 ans déjà
Vas je ne serai jamais loin jamais loin
où que je sois que je sois
je sais que tu es unique et universel à la fois

Je ne regrette rien

Je ne regrette rien j'ai perdu j'ai gagné j'ai avancé j'ai stagné
peut-être même reculé parfois
Je ne regrette rien
je vais vers ce qui est
ce qui était et ce qui sera c'est du temps perdu
à procrastiner tergiverser spéculer
la vie n'est pas un chemin de nostalgies
c'est une voie vers l'Inconnu

Être ou ne pas être

Je suis là et pas là
je respire le temps
je suis le temps que je respire
je suis le temps
je suis présent et absent
partout et nulle part
ici et ailleurs
je suis
j'écoute je regarde je sens
je sens combien je suis
vivant
je suis
la vie
elle est belle
par-dessus tout
dans cette nature
qui m'absorbe
et m'absout…

Guilleret

Chambre en sommeil
bonheur en éveil
vie sans pareil
je suis l'absolu qui s'émerveille
de chaque jour
qui m'ensoleille quand
j'appareille vers l'amour
pour faire l'amour avec
la vie

Ce baiser

Te souviens-tu du baiser de l'autre soir
si doux et sensuel
te souviens-tu dis te souviens-tu
juste ce baiser
comme nos baisers d'avant il était
avant quoi au fait ?
Je ne me souviens que de nos toujours
de nos toujours
mon amour

Avant

Avant j'étais
Dieu que j'étais mais
c'était
avant quand j'avais
Dieu que j'avais mais
je ne suis plus comme avant
et je n'ai plus comme avant
je suis avant après
je suis maintenant
définitivement maintenant et
finalement
j'aime maintenant plus qu'avant
Dieu que je l'aime
près de toi
ce toit du cœur
du chœur qui nous unit

Ma fille

Comment ne pas sentir mon cœur qui pleure
en te découvrant ravagée d'épuisement
tel un champ de fleurs après la tempête
d'épuisement et de désarroi ?
Comment ne pas sentir mon cœur saigné en te voyant si
démunie

si vidée de ton énergie si exsangue de vitalité toi si pétulante ?
Dur apprentissage que celui de la parentalité de la maternité
il est des amours pleines d'aspérités et d'angoisses imprévisibles.
Comment ne pas sentir mon cœur qui pleure
mon enfant à la croisée des chemins ?
Je n'ai que mon amour à te donner dans ces moments-là
mon amour et ma foi en toi.
Aimer c'est aussi s'inquiéter pour le sujet de son amour
tout rayon de soleil peut entraîner des brûlures parfois
je t'aime avec humilité car je n'ai pas la vérité
je ne suis qu'un peu de lumière et de présence éloignées
et pourtant si proche si proche si proche.

Campagne vendredi matin

Au loin
le ciel rougeoie
au-dessus des arbres
la nuit se retire
le jour s'annonce
alentour
paisible serein

peu à peu
le céleste
feu se fond
dans l'azur
d'un regard pur
sur l'amour
d'un nouveau jour

Tout est recommencement
jusqu'à l'épure
de soi

Ça

Ça n'aime pas la lecture
ni l'inactivité la passivité
ça n'aime que l'action
et encore
ça dépend du temps du jour de l'heure de l'humeur
ça ne prévient pas
ou si peu
de l'inattention du décrochage une lourdeur
dans le fonctionnement intellectuel
ça tombe comme un couperet
tel un voile un rideau une extinction des lumières
et soudain plus rien n'existe
que l'absence de conscience
inconscience abyssale sans état d'âme
sans pitié
sans plus aucune maîtrise
coup de Trafalgar sur les synapses
Qui suis-je ?

Brise

Une douce brise bise mon corps sous l'assise d'un ciel soul, je suis cool, very cool, roulé en boule dans mon cœur qui court
vers vous, sous cette douce brise bisant mon corps dans un décor
édénique comblé d'atours, les doux atours de la Pachamama.
Je suis soûl d'amour dans cette brise qui rafraîchit mon regard
posé sur une vie enivrée par le chant des oiseaux alentour.
Que serais-je sans l'amour mais que serais-je sans l'amour ?

Sensations

Entends-tu le son du silence
parlant à ton âme éveillée ?
Assieds-toi écoute-le
te remplir de vies.
Sens tout ton être
danser doucement en toi…

Liberté

Courir dans l'herbe
de son cœur en fleurs de douceurs
et s'enivrer d'ailes

Organique

Je la pénètre de tout mon être
cet être qui entre en son âtre
autre dimension de l'autre
aspiration *de profundis*
telle une torche embrasée
engloutie par le vide absolu
de la petite mort de l'être.

Je la pénètre ou elle me pénètre
de tout son être qui plonge
dans mes sens en transes
et nous transporte d'extase
en extase vers la volupté du Néant
tel un big-bang charnel ?

Ô cette volupté flamboyante
jusqu'au suffoquement des sens ?

Il est des envolées incarnées
qui désincarnent toute matérialité
dans les bras de l'autre de l'être
partenaires le temps de disparaître
dans l'impermanence du désir.

Chère liberté

Être fidèle à l'amour et à soi-même, fidèle à la vie qui nous est donnée, avant de redevenir poussière et cendres. Être fidèle sans être inféodé.
Je ne suis pas un dogme. Ni l'Évangile selon quiconque. Je ne sais être fidèle qu'à l'amour et à moi-même, le reste, tout le reste n'est que poussière et cendres doctrinaires, que vues de l'esprit, d'un esprit égaré dans ses principes atrabilaires.
J'aime la fidélité des cœurs, celle qui n'enferme pas l'autre dans son corps, dans sa charnalité. J'aime la fidélité qui chante la liberté sans condition, celle qui nourrit l'amour sans l'étouffer. J'aime la liberté que je vois dans vos regards, femmes que j'aime, femmes-océan.
Vas, vis ta vie, toi que j'aime. Nous sommes libres d'être nous, car je t'aime fidèlement libre d'être toi.

Interdit aux -18 ans

Ce ciel voluptueux comme une femme
ondoyant de nuages galbés de sensualité
en nuages aux rondeurs délicieusement pulpeuses
que le regard caresse avec une appétence lascive
et cette chute de reins de riens qui emplit l'horizon
et cette chaleur torride qui embrase soudain
un lac vulvaire frémissant d'aise sous l'haleine
d'un vent viril aux doigts indiscrets et chatoyants
et cet élan copulatoire qui se répand sur la nature
jusqu'à l'orgasme d'un azur devenu arc-en-ciel
pendant que la foudre zèbre l'espace déstructuré
de halètements repus d'extases célestes

Mais pourquoi ?

Pourquoi se prendre la tête
mais pourquoi ?
la vie n'est compliquée
que si on se la complique…

pourquoi se prendre la tête
mais pourquoi ?
où mènent conformismes rigides
et intégrismes rampants sous la dogmatique ?

pourquoi se prendre la tête
mais pourquoi ?
pour se pourrir la vie et la pourrir à autrui
pour trois fois rien des détails de principe ?

la vie est si belle dans sa singularité
rien n'est grave quand la vie est gravée
dans le cœur et l'âme épris
où est la souplesse d'esprit où ?

Accouchement

Lorsque l'enfant paraît
les parents atterrissent
la réalité n'est pas un idéal
c'est un quotidien rugueux

lorsque l'enfant paraît
le parent disparaît de la vie d'avant
englouti par un assaut affectif
imprévisible exigeant et turbulent

Chaque médaille a son revers

Photos nostalgie

Ma seule photo
de toi
de vous
elle est dans mon cœur
je n'ai la nostalgie
que
de maintenant de l'instant

La photo
d'avant
d'avant après ou d'après avant
celle qui dit tu te souviens
sur papier glacé
à peine prise
elle est déjà dépassée
elle est déjà
du passé
d'un passé décomposé
par le temps
qui n'attend pas
pour continuer
à vivre

Ma seule photo
de toi de vous
est bien présente
au fond de moi
bien vivante
dans mon cœur
qui bat
pour toi pour vous

Ce qui a été ne sera plus. Hier, c'est aujourd'hui, c'est maintenant. Le mot écrit fait déjà partie du passé aussi présent soit-il dans l'instant. L'avenir, c'est le mot qui va venir mais qui échappe encore à la raison, au raisonnement.
Je n'ai que la nostalgie du présent, du souffle
de vie qui me surprend à tout moment,
à tout moment.

Je suis une éternité éphémère. Ou
une éphéméride éternelle. Éternellement en mouvement.
Même dans l'impensé. Surtout dans l'impensé. Et
l'immanence. L'immanence…
Je n'aime pas me voir figé dans le temps, reflet de ce qui fut,
ce qui fut et n'est plus
que source de nostalgie et peut-être de regrets.
Ne regrette rien, sois !

                Ma seule photo
                   c'est toi
                  c'est vous
            lumières de mon cœur
                qui nourrissez
                mes « encore »

Juste te dire

Je voulais juste te dire
que je t'aime jusqu'aux soupirs
oui aux soupirs
tu sais comme le pont
en Italie ou en Grèce je crois
enfin bref
je voulais te dire que je t'aime
jusqu'aux soupirs
où aux désirs si tu préfères
mon amour à moi
je voulais te dire
surtout attends-moi
jusqu'à mon retour
car je reviendrai crois-moi
je reviendrai pour toi

Bourrasques

Bourrasques de temps giflent
les ramures
les branches fouettent l'azur
les feuillages gigotent en tous sens
brassant l'air de leurs bras en transe
je suis ivre de vent et de nature
danse-moi mon amour
danse-moi
qui suis ivre de vie
et d'infinis

Fable à dormir debout

C'était une luciole bourrée d'alcool
qui tanguait en l'air en se prenant pour une lumière
elle voulait conquérir la terre de ces stupides vers de terre
dont elle ferait son affaire à coups de grands envols
mais à force de les prendre pour des cornichons
elle eut une extinction qui grilla son ultime neutron.
Moralité : à trop se prendre pour un astre
on vire con et on perd le sens des désastres

Cauchemar

Comme une larve avachie dans sa moiteur
gluante le regard glauque le sourire flasque
comatant grave dans un sous-bois pisseux
il survit à lui-même en pensant à Philomène
la babine bavant sa somnolence redondante
Comme une larve avachie sous le soleil
il s'abrutit dans sa touffeur décérébrée

Je suis ce que je fus

Mais où sont passés l'arrogance de mes 20 ans,
mes dents, mes rêves ardents. Ma fougue fugue
maintenant vers d'autres temps insensiblement,
ma fougue feule mollement en quête du second
souffle de la vie.
Car il y a toujours un second souffle, et peut-être
un troisième, rempli de douceurs et de sagesse.
Le soleil m'éblouit comme la vie m'éblouit,
je ne sais pas pourquoi, c'est ainsi, c'est ainsi.
J'ai atteint cet âge sans âge où l'on n'est plus jeune
et pas encore suffisamment vieux pour être vieux,
vous savez cet âge où l'on est devenu très con
ou un peu plus sage.

Peut-être

Son regard bistré de lassitude castrée
ses yeux que le soleil ne fait qu'enfoncer un peu plus
ses yeux d'une tristesse à pleurer à pleurer
mais elle ne pleure pas elle désespère peut-être d'elle-même
comment savoir il n'y a que ce regard fatigué et ce silence
un silence d'outre-vie peut-être même d'outre-vain
que pense-t-elle qu'attend-elle tu ne sais pas
elle ne dit rien elle fait pourquoi fait-elle ce qu'elle fait au
fait
quelque chose ne tourne plus dans le sens des aiguilles d'une
montre
comme le temps qui hésite ou l'horloge du destin

Rêve éveillé

Ce regard
derrière son masque
regard de feu et de cendres
qui me fait descendre
dans mes entrailles
fruit d'une émotion
impromptue
et ce sourire
dans ce regard
qui disparaît
dans la foule
avec son feu et sa cendre
Tout est éphémère
Tout

Une première fois

Je me rappelle la première fois
cet élan passionnel entre tes bras
ce moment vorace hors du temps
sublime et époustouflant
nos corps soudain évidents
s'intriquant spontanément
je me rappelle la première fois
si irréelle et sauvage
car pulsionnelle et avide
Il n'y a qu'une première fois
tu sais et encore
elles ressemblent souvent à des dernières
tant elles sont frustrantes voire amères
mais pas la nôtre
tu te rappelles
elle était magique la nôtre
par sa fulgurance
un soir d'amour fou
tu m'as ressuscité
portée par cette folie qui rend le désir

insubmersible et l'amour iconoclaste
je me rappelle encore comme si c'était hier
c'est pourtant il y a bien longtemps
où es-tu au fait
maintenant

Un tableau et des mots

Mouvements de lumière effervescence de couleurs
et ces rondeurs ces courbes sensuelles
qui ondulent et s'écoulent
peut-être vers la source de l'Être
je suis la main et les doigts qui
dansent sur la toile qui panse
ou sur la peau d'un esprit en transe
mon œil plonge dans ces lumières vibrantes
séduit par la beauté d'une aspiration impérieuse je me
souviens

que me dis-tu création l'espace d'un regard posé sur toi
car tu me parles du vide de l'espace-temps
qui nous relie indiciblement en un champ de libertés

la peinture est un mystère qui se suffit à lui-même
pour exister et faire vibrer l'Univers autant que
l'universalité. Ainsi Soulages
subjuguant l'âme de sa noire Lumière
et Monet qui transcende

Le seul

Être le seul
    à faire comme personne
     pas comme les autres pas comme tout le monde
solitude humaine
être le seul car on n'est pas « les autres »
être le seul et être quand même avec les autres
dure loi de la sociabilité
      d'une solitude qui n'en est pas une
être soi sans écraser les autres
ni se dissoudre dans les autres
être soi
   quête permanente de l'équilibre
    vivre est une frustration consentie par amour de l'autre
et peut-être de soi

être le seul
   pourquoi pas
     on ne peut pas être compris par tout le monde
je n'ai pas peur d'être le seul
      mais pas sans toi pas contre toi
     mon amour
mon émotion vitale

Canicule

Orage, eau désespoir,
aux vieillesses et demie,
je moisis sur mon lit,
dans une Amazonie
sans Amazones rafraîchissantes pour me tenir compagnie
en bayant aux corneilles
sous une voûte tropicale poissant
à travers chaque pore de mon esprit
le ciel va régurgiter son trop-plein
de soleil dans une éructation obscène

Le bonheur simplement

Toi
assise au bord
du bassin contemplant la danse
des poissons et des nénuphars
comme assise au bord
d'une éternité paisible
dans cette nature qui frissonne
sous une brise contemplative
toi
qui médite
et moi
qui te contemple
attendri

SPA

Ça ne vous est jamais arrivé de vous sentir périmé
de la tête aux pieds
même plus bon à être recyclé
juste bon pour la casse
la maison d'en face
vous savez la SPA
société protectrice des aïeux ?

C'est fait ça m'arrive je me sens périmé
même mon furoncle est déprimé
à force de m'entendre ronfler
en bavant de tous les orifices
tel un enfant de chœur durant l'office
sainte Marie mère des vieux
retrouve-moi une apparence qui soit
encore assez plaisante pour plaire
ne serait-ce qu'à mon ego
Il est des déchéances aux odeurs d'échéance
des Rê-alités qui ternissent à vue d'œil.

Pourtant
                      je n'ai que faire

du lyrisme et du romantisme
seul m'inspire le pragmatisme
la chair qui souffre la chair qui jouit
la vie qui respire
même péniblement

Connais-tu Anna
Anna Akhmatova
la poétesse des oppressions
des opprimés et de la vie
par-dessus tout
par-dessus tout et libre
car il n'est de poésie sans liberté
de penser et d'être
quitte à être de traviole

Je suis mon propre alcool
je me grise de vivre et d'aimer
mais que j'ai peur
de ne plus être désirable
par moi-même

J'ai soif
j'ai encore soif
de vie donc de vous

Matriochka

Tant d'êtres portent leur mal-être
de ne pas arriver à être
souhaitant
être autre chose que cette fleur
qui ne cesse de faner
au soleil de la vie
à force de ne pas atteindre
l'épicentre d'eux-mêmes
Tant d'êtres en apnée
poissons échoués sur les récifs
d'une existence en dents de scie

L'égalité n'est pas de ce monde

Traverser le chaos
rencontrer
sa propre Lumière
toucher la vacuité indéfinissable
de l'accomplissement
pourquoi ce n'est pas donné à tout le monde

Nous sommes tous egos mais pas égaux
pourtant nous sommes
qui nous sommes
et peut-être davantage
à nous chercher à nous égarer
nous trouver nous perdre nous retrouver
Nous sommes tous egos
dans le trou noir de notre inconscient
aspirant à la voix de la Lumière
comme on effeuille la matriochka
jusqu'au Soi
Mais combien le rencontre

Je ne suis qu'un miroir je ne suis
pas la voie pas
ta voie
je ne suis que témoin de
ta vie
je n'ai que l'humilité
de mon amour
à t'offrir en partage
et cette tristesse qui bruine
au fond de moi d'être impuissant
à te donner cette force de vie
cette énergie et cette foi qui
qui te font faux bonds

L'égalité n'est pas de ce monde

Mais elle est dans le regard que tu portes sur le monde.
Je suis tendresse
pour toi qui est sur le chemin

Ode gustative

Elle a préparé avec amour
                un repas qui les ravit
elle a préparé avec ferveur
de sa verve culinaire la plus inspirée
un bonheur improvisé
Bouche exaltée de saveurs
le palais en fête un soir d'été
il en a le regard ébloui de vie et
le cœur reconnaissant
l'amour fait des miracles

Elle veut du cul

Elle veut du cul
                rien de plus
prendre son pied juste prendre son pied
même une fois tous les deux ou trois mois
elle n'est pas exigeante   ou plus
la vie lui a ôté le goût de l'être
elle n'en a plus la force ni l'envie dans sa vie de survie
comme pour tant d'autres elle le sait bien
elle veut non en vérité elle aimerait juste du cul
elle n'a plus d'illusions ni d'aigreurs d'ailleurs
elle demande du cul comme une éclaircie dans un ciel toujours gris
du cul que de bonnes âmes ne sont même pas fichues de lui donner
incapables de l'écouter de la respecter juste bonnes à s'écouter
enfin « bonnes » à 150, 200 ou 300 € cela relativise la bonté
elle veut du cul
                rien de plus
dans cette chieuse de vie qui dévore
disloque broie brise d'une façon ou d'une autre
les moins armés les plus faibles
elle veut juste du cul
                rien de plus
croit-elle

mais lorsqu'elle aura du cul
elle en voudra un peu plus elle voudra un peu d'amour et puis un peu plus
c'est si humain
la jouissance est une porte ouverte à tous les rêves
tous les espoirs sont permis quand on a atteint le nirvana de la chair
c'est si peu de vouloir prendre son pied mais c'est déjà de trop
franchement comment ose-t-elle
en plus elle est gouine
comment peut-on cumuler les anormalités

Si vous saviez braves gens
tout ce qui dérange arrange la marche de l'humanité
pensez-y tristes regards sclérosés !
Elle veut du cul
            rien de plus

Infinitude

L'Hérault langoureusement
paresse le long des berges ombragées
où les feuillages frisottent au vent
discret souffle gouleyant qui ravive
le cours aqueux somnolent sous l'azur
l'eau scintille d'infinis reflets frétillant
dans une lumière qui décline derrière les arbres
le regard vague je rêve le corps silencieux
je respire le temps qui m'inspire
la vie est une poésie sans rime ni raison

l'Hérault langoureusement
m'envoûte je me fonds dans l'espace-temps
je suis les arbres je suis le vent je suis le mystère de l'eau
je me dissous jusqu'à une absence totale d'incarnation
une absence de conscience du temps
je suis
Vacuité

Inspiration spontanée

Jusqu'où sommes-nous prêts à renoncer ? Comment savoir ?
Tant que je découvre l'amour, que je rencontre l'amour, que je vis l'amour, que je fais l'amour, que je suis l'amour, que j'écris l'amour, que je ris d'amour, je peux m'adapter à tant de dépouillements.
La vie n'est pas une question de quantité mais de qualité et d'intensité. À quoi bon vivre longtemps si c'est pour mal vivre ?
Lorsque je dis « je t'aime », je me sens aujourd'hui en-vie, mon amour.
J'ai de tout temps voulu VIVRE ! Pas juste vivre, encore moins survivre ou vivoter.
Je ne peux pas vivre à moitié. Vivre est une exigence jusqu'à l'intransigeance parfois.
JE SUIS VIVANT, contre vents et marées. Grâce à vos bras tellement aimants, femmes aimées.
J'ai renversé des montagnes pour trouver la vallée du Bonheur. Grâce à des femmes adulées !
Ici-bas, il faut savoir séduire pour ne pas être dans le wagon des perdants et des losers. Car nos sociétés prétendument modernes sont pleines de goulags ou de chambres à gaz virtuels.
Liberté, ici et maintenant. Demain, elle ne sera plus qu'une utopie.
Ne renonce pas aujourd'hui. Pas aujourd'hui.

Ces yeux

Ces yeux qui contiennent toute l'effervescence de l'univers
ces yeux à la beauté stellaire
ces yeux où respire toute l'humanité de la Terre
ces yeux à la bonté si prospère
ces yeux éthérés d'une douceur extrême
ces yeux d'une sensualité à en perdre haleine
ces yeux indicible poème dans lequel mes mots se perdent
ces yeux ces yeux
Il suffit d'un regard pour apercevoir tout l'amour du monde
et rassasier mon cœur d'un dithyrambe impromptu
dont je l'inonde une larme au bord des yeux

Mélancolie de luxe

Enfermé
certes enfermé dans un paradis
mais enfermé tout de même
en des jours monotones d'un luxueux ennui
Mélancolie
de cette mélancolie qui ronge sans bruit
des songes de vie d'envies de mouvements
et d'ailleurs dans un corps
enfermé
mais enfermé dans un paradis
Mélancolie
les jours patinent sur trois fois rien
un petit quelque chose qui enroue l'harmonie
on ne sait même pas pourquoi
ou peut-être que si
et puis
mélancolie
le regard prostré sur l'infini
et cette certitude que le bonheur est ici
malgré tout
aujourd'hui maintenant
et puis tu souris c'est la vie qui reprend

Fidélité

Le mariage serait-il un titre de propriété réciproque (plus indulgent pour les mâles antédiluviens), incluant facultativement un discret droit de cuissage ?
Mon amour, j'ai épousé la liberté auprès de toi !
Qu'est la fidélité en ce bas monde ? Une prison plus ou moins dorée hantée d'amertumes et de regrets posthumes ? D'enchaînements et de déchaînements, de dépendances et d'absences ? Fidèle à qui ? Fidèle pourquoi ? Fidèle comment ? Fidèle jusqu'où ? Fidèle jusqu'à quand ?
La fidélité n'est pas un principe, c'est une valeur dépréciée par un corsetage éventé.

Fidèle « fait d'être fidèle à l'autre, et, en particulier, de ne pas commettre d'adultère ». « Bon Dieu, mais c'est bien sûr ! » Tout est dit. Ton corps m'appartient, mon amour ! Tu es désormais mienne ou mien. L'amour est un objet. Tu es l'objet de mon « amour », donc l'objet de mes désirs. Fidélité, chère possessivité de l'être que l'on pense aimer. Aimer comment ? Aimer pourquoi ? Aimer jusqu'où ? Aimer jusqu'à quand ?
Mon amour, j'ai épousé la liberté auprès de toi !
L'amour n'est pas une prison, ne peut pas être une prison, même immatérielle. L'amour n'est pas un dogme, c'est une liberté partagée à deux ou davantage, dans et hors mariage.
L'amour est le rapprochement sans cesse remis à plat de deux âmes. Pas un menottage réciproque. Il est si naïf au commencement, l'amour. Il s'envole dans des envolées lyriques serties de « toujours » et autres « amour de ma vie ». Jusqu'à ce que mort s'ensuive, bien sûr. Mais quelle mort ? Celle de l'un des deux ou celle des sentiments par étouffement mutuel, train-train, rengaine, rouillure ou maturation différenciée ? Amour, atomes crochus qui se décrochent parfois avec le temps.
Aujourd'hui n'est pas demain et demain est bien loin d'aujourd'hui.
Mon amour, j'ai épousé la liberté auprès de toi !
La liberté d'aimer et de jouir en toute fidélité, la liberté libre d'aimer sa liberté. Nul n'appartient à son prochain, j'aime qui tu es, pas qui j'aimerais que tu sois, pas l'idée que je me fais de toi.
La fidélité est un papillon multicolore qui folâtre de fleur en fleur, il est fidèle au nectar pas aux fleurs, pourtant il les aime profondément.
On ne peut être infidèle qu'à soi-même, ne croyez-vous pas ?

Rêve éveillé

Explosion de sensualités
comme un sourire béat
ivresse fluide des sens en tous sens
le regard s'enivre à fixer la toile
d'où jaillit la lumière myriades
de couleurs en écho
les unes répondant aux autres avant de
les pénétrer d'une intensité majuscule
dans un galop de sensations contraires
sur la steppe de mes rêves

Son chemin

Vivre son chemin
main dans la main
avec ce destin qui
s'amuse à
brouiller les buts
pour mieux éclairer les pistes
Vivre son chemin
pour accomplir
son refrain
d'amour

Résonance

Cet écho venu d'ailleurs
cette résonance d'une certaine reconnaissance
comme un présage qui s'accomplit
un de plus dans une longue vie
pour conduire vers l'Absolu
absout de toute rhétorique
de tout principe dogmatique
Résonance comme une révélation
et le cheminement continue et la vie est belle
lorsque se révèle l'Inconnu
la mort est une utopie l'amour une réalité

Mobile débile

Plus le temps d'être présent de manger tranquillement de caguer en paix
de faire dodo sans son doudou high-tech plus le temps de prendre le temps de rien
la main scotchée à ce téléphone dévorant
plus le temps de vivre donc d'exister vraiment
c'est désormais iPhone et Samsung qui vous aide à respirer
en vous arrosant d'ondes et de dépendances à longueur de journée
pauvres marionnettes de vous-même pauvres shootés
d'un avenir bien blême et fade avec votre respiration d'assistés
en vérité la prison est en vous la prison c'est vous
esclaves d'une modernité débilitante qui ne savez plus vivre sans…

Le Chemin

Tout ce qui n'est pas le Chemin est dispersion
égarements ou faux-fuyants
Ne regarde pas les bas-côtés
ne regarde pas derrière
ni devant
regarde l'Instant en marche
le Chemin est confiance
dans la confiance est
le Chemin
le reste n'est que vaine vanité
Quel est ton Chemin ?

Nénuphar

Comment dire
ton nénuphar ouvrant
son cœur au corps
d'un roseau qui se penche
vers l'acmé

Comment dire
ce chœur de chairs en soie
dans les bras
d'une onde pure
qui les enflamme
d'amour
Comment dire
ce bouillonnement haletant
quand le roseau
et le nénuphar
sourient au ciel étoilé
à l'unisson
?
Je ne sais pas.

Mon clown

Yeux pétillants d'humeur gamine
regard de soleils espiègles qui s'illuminent
virevoltent et badinent d'un coup
comme ça pour rien
de sa démarche loufoque de canard déchaîné
elle se lâche avec légèreté
Comment ne pas aimer cette folie douce
qui soudain envahit l'espace
le temps d'une clownerie
disant combien la vie est belle
au moins dans notre petit coin de terre

Élève de ma vie

Je suis l'élève de ma vie
je ne suis Maître de personne si ce n'est de moi-même les jours de vent arrière
je suis l'élève de mes amours
et l'esclave complaisant de moi-même les jours de vent de travers
Un jour je mourrai novice d'une vie qui m'a tout dit et rien

rien que ce que j'ai pu entendre de vos lèvres de lumière
femmes qui avez sillonné ma Terre
et grandi mon âme de vos mots magiques et de vos mains
runiques
Je suis l'élève de ma vie
mon seul bien

Artémis

Cette douceur tourmentée
qui pétille
   au fond des yeux
cette beauté qui a mûri
aux feux
   de la vie
cette vie ésotérique
profondément
    égratignée
cette voix veloutée
aux accents
   de vérité
et ce cœur éprouvé
d'avoir été
   égaré
l'amour existe
aussi libre
   que l'air
que nous respirons ce n'est pas un mythe éculé
la nature est immense il suffit de se baisser pour
ramasser la vie en bouquets de fragrances veloutées
Artémis est sur le sentier des jours nouveaux
elle peut chasser le passé en souriant aux lendemains
Apollon pourquoi m'as-tu autant blessé ?

État des liens

La vie m'a coupé de vous
que j'aime du fond des yeux
je vois vos mots que je n'entends pas
au milieu du brouhaha qui résonne dans ma tête

et cette douceur de vivre dans une fraîche chaleur de fin d'été
le village vit au rythme du marché animé de convivialité
je n'entends que vos cœurs Rico Jo Sylvie Momo et les autres
comme un film de Renoir ou de Sautet
je n'entends que vos cœurs et je souris
la vie est belle lorsqu'elle est faite de petites joies
même sous les masques le bonheur est démasqué

Shunga bucolique

Entends-tu le chibre qui chambre la chatte chamarrée
dans ce charmant champ qui les a charmés
qu'importe le flacon pourvu qu'on ait l'ivresse
le jour où tous les sens sont en liesse
qu'importe le flacon et le roseau soyons nos émotions
prends-moi ici maintenant dans ce foin étourdissant
Que le soleil embrase nos charnelles effusions
lorsque le désir n'est plus qu'un raz-de-marée débridé
chevauche-moi dans cette prairie en pâmoison
de ton ardeur pleine de déraison et de crudités
je me sens jouir lorsque flambe l'horizon

Dépucelage

Chaque matin
le ciel dévoile
sa pudeur de puceau
aux galbes opulents dans
une intimité horizontale
qu'exalte des érections solaires
verticales
Peu à peu
le paysage se réchauffe
et s'alanguit
sous le regard du jour
bonjour l'amour
Incurable

La vie est incurable
tu meurs ou tu meurs
donc autant vivre
intensément chaque moment
comme si c'était le dernier instant
de ta vie aussi incurable
que l'amour qui nous unit

C'était mieux avant

Cessons de conter fleurette
faisons fi des fredaines et des billevesées
ma mie
allons baiser
dans les bois et les prés
humecter le bénitier et le gosier
soyons canailles ma mie
faisons ripailles sous les sapins
comme avant quand c'était bien
quand nous étions des turlupins
tu t'en souviens dis tu t'en souviens ?

J'aime trop

J'aime trop la nature
pour la dévaster
j'aime trop la vie
pour la maltraiter
j'aime trop l'amour
pour le perdre
j'aime trop le corps
pour le négliger
j'aime trop l'instant
pour l'ignorer
j'aime trop j'aime trop
pour ne pas savourer
ce petit rhum assis sous la ramée
une main posée sur ta vallée
offerte à mes désirs éthérés

Romance ordinaire

Cette somnolence rance
qui s'échappe des lèvres
en ronflements bavant
sur le jour
indolence putride
qui ronge l'esprit devant l'ordi-mateur
d'assoupissement en assoupissement
en attendant la nuit
Même la Belle au bois dormant n'a pas fait mieux
avec sa pomme de discorde
Où est donc mon prince charmant
m'embrassant à pleines dents et sourire Colgate ?
Infernale somnolence dans un cerveau clafoutis
la vie est une romance qu'il faut déguster
quand tu roupilles inlassablement
au moins tu n'es pas déçu du voyage

Te Deum reconnaissant

Sens-tu la fin qui nous enveloppe de son odeur de feuilles mortes
nos chemins s'éloignent
je ne peux plus suivre le tien
automne après automne
l'amour trop monotone
doucement s'est essoufflé
je t'ai aimée tu m'as tant donné
avec ta volubile générosité
nos chemins s'éloignent
reste la reconnaissance et la tendresse pour ce que nous avons été
la vie est un renouvellement incessant ressourcement de nos élans

Automnes

L'automne me songe à petits feux
l'automne me singe à qui mieux mieux
la nature se déplume et se rabougrit
dans une grisaille de fin d'envies
de plus en plus las le jour s'assoupit
la lumière a trop donné durant l'été
elle s'éclipse avec mélancolie pendant
que la nuit envahit la vie sans bruit
l'automne se décrépit avant
de sombrer dans l'hiver c'est la vie
c'est la vie qui suit son cours
après avoir chanté tout l'été
elle se met à paresser
je t'aime à en bailler d'amour

Déclinaison

Déclin d'un empire surhumain
quelque chose qui ne veut plus ou ne peut plus
comme un cheval fourbu qui renâcle
après avoir trop couru
l'esprit n'est plus qu'un cavalier sans monture
corps moulu dans la prairie de la vie
seul le détachement ressource l'âme éperdue de lumière
et cette étincelle reconnaissante à jamais
jour après jour foi chevillée au cœur
vivre c'est si peu et tant à la fois
elle ne tient qu'à un fil la vie
elle tient à l'envi et à l'espoir
être amoureux de l'amour qui embaume le temps

Lâcher prise

Être l'ombre de soi-même
le soleil intime vacillant
tel Samson privé de ses forces
être l'ombre de son ombre
la vie s'interroge sur elle-même
sans réponse autre que
c'est la vie
et puis
tout n'est que patience et silence intérieur
la vie t'est donnée et reprise
tu n'as que le choix de choisir ton chemin
alors succombe
succombe à la vie et à l'amour
n'attends pas de vivre
le temps du passage à l'acte n'est pas
éternel
laisse-toi emporter

Déshabillez-vous

Il prit la nuit
la rompit
et la donna
aux amants
à l'heure où
le yoni s'ébaubit
et
le lingam se pâme

Il est des communions
divinement nourricière
que la nature proclame
et les trublions de la jarretière

Ben oui

Yeux bridés
des jours bradés
où on apprend à broder
avec ce qui est
comment regretter
lorsqu'on a tout osé
seuls les mauvais joueurs
sont toujours perdants
oubliant que
tant qu'il y a du rire
il est aisé de tisser
la vie
même un sourire peut suffire
pour éclairer
l'horizon

Strip-tease

Faut c'qu'y faut
cul à l'air
queue en bas
à vot' bon cœur
braves gens
j'suis à vous
corps et âme
prenez-moi à bras-le-corps
d'la tête aux pieds
faut c'qu'y faut
quand l'corps fait défaut
strip-tease à gogo
pour peau d'balle pourquoi
même pas de lubricité
j'suis juste à Trifouilly-les-Oies
entre des doigts chevrotants
leurs gammes sur ma guimbarde étiolée

Anthropologie

Homme
tas d'os enrobé de chair
plus ou moins fraîche
selon l'époque
tombé sur Terre
pour se décarcasser
ou
étoile filante
vers le Mystère
de son Être
?

Coaching

Debout !
Lève-toi !
La vie est encore là
présente au fond de toi
vis-la jusqu'à la dernière goutte
jusqu'à la dernière joie
Debout !
Réveille-toi, tu n'es pas mort !
Sois
jusqu'au bout
sois
la vie qui est
en toi
Ne lâche pas ne lâche pas
l'amour est là qui bat qui bat
Chaque jour est une vie
elles t'attendent tapies en toi
dans l'horloge du temps
chaque jour est une vie
jusqu'au dernier instant

Sérénité

Le temps se blottit dans la brume matinale,
le cœur a une couleur automnale.
Être ici, être ailleurs, qu'importe
mais être maintenant, radieux et expansif
prendre le temps d'être à l'affût de soi-même.

Entends-tu ce gazouillis au fond de toi ?
C'est le bonheur qui chante, perché sur ton cœur, à peine sorti du nid.
C'est simple le bonheur, et c'est doux.
Écoute, écoute-le chanter ce matin à brûle pourpoint.
Le soleil sur l'horizon, le temps de saison et le bonheur en pâmoison.

Silences

Silence grisant de la nuit
pas le moindre bruit
au fond du lit
seul avec lui-même
l'homme invincible
amant putrescible
sommeille profondément
sur sa sagesse engourdie
Il n'est plus un corps de cible
il est à peine accessible
sauf au silence du temps
mais il se rit de lui-même
Vivre est une histoire d'amour

Crainte

Vous craignez la mort
mais ce n'est pas la mort qu'il faut craindre
c'est la non-vie
croupir dans son quotidien
entre superficialité et ennui
misère et indifférence

survivre rien n'est pire que survivre
des milliards d'humains survivent
bon gré mal gré
dans la souffrance la faim et le désespoir
sous le regard rapace d'exploiteurs pour qui vous n'êtes rien
que ce qu'ils veulent bien vous laisser être   objets   de
leurs cupides désirs
Vous craignez la mort
c'est la survie qu'il faut craindre
la mort n'est rien comparée à l'enfer sur Terre de tant
de morts-vivants
ne craignez pas la mort
elle vous sauvera peut-être de vous-même

Une histoire de faims

À l'approche de la faim
d'ailleurs d'autres choses d'autrement
je suis
éternellement faim
de commencement
car la fin n'existe que
chez les anorexiques de l'amour
la vie est un continuum
je suis continuité
de mon éternité
dans le champ de l'inconnu impensé

Souvenance

Je me souviens des jours enviés
où je bandais à qui mieux mieux
dans la ravine des temps en feu

Je me souviens des jours en vieux
où je bande de moins en moins
dans la mare des jours chafouins

Elle

Elle
que serais-je sans elle
mon assise
ma Terre promise
promue pour l'éternité
à la générosité du Cœur
Elle
que serais-je sans elle
ma douceur attendrissante
mon espérance ébouriffante
lumière fragile
qui balbutie une vie indocile
Elle
ma fidèle liberté
que la vie est belle
pas trop loin d'elle
qui trébuche sur mon cœur
gorgé d'amour arc-en-ciel

Les cannibales

Ce capitalisme inhumain pour qui tu n'es rien
qu'un coût et un rendement une valeur ajoutée
bonne à être exploitée avant d'être jetée
dans la fosse commune de la misère
sans aucun état d'âme car tu n'es rien
qu'un outil de production une plus-value
Regarde-les gouverner les capitalistes éventés
tellement solidaires entre eux et leurs petites affaires
tu peux crever le jour où tu ne seras plus rentable
pour la voracité du capital tu ne seras plus rien
qu'un humain écrasé par un système décérébré
une épave que l'idéologie cupide aura broyée
de s'être laissé exploiter en jouant à l'idiot utile
pour servir la soupe à des tiroirs-caisses futiles
N'es-tu pas fatigué de n'être qu'un mouton servile
au service de tous ces cannibales infatués ?

Samuel

Samuel
est mort
dans un monde détraqué
contaminé par des malades du cœur
et de l'âme
décapité
pour avoir défendu la liberté
malgré tout
cette chère liberté
dont on ne cesse de nous priver
pour mieux nous exploiter
nous priver
de ce que la vie a de plus beau
l'amour est le plaisir
car il n'y a pas d'amour dans le capitalisme
il n'y a que des discours déshumanisés
des promesses d'ivrognes
d'idéologues cupides et dégénérés
qui cultivent l'appauvrissement
pour mieux régner
quitte à détruire la vie
et à générer des détraqués
des intégristes tarés
Samuel
est mort
d'avoir défendu la liberté
dont Macron ne cesse
de nous priver
aveuglément
pendant que la monstruosité s'étend
radicalement
Samuel
est mort
que vive la liberté
!

Religions, mes amours

Que serions-nous sans les religions
pas de guerres à se mettre sous les dents
pas de haine à entretenir quotidiennement
merci mon Dieu et Mahomet et Jéhovah
et un peu de Bouddha par-ci par-là
Franchement que serions-nous sans intégristes
sans fondamentalistes assoiffés de sang
ivres d'intolérances entre excommunications et fatwa
qu'est-ce qu'on s'emmerderait sur Terre
On a les djihads qu'on peut pour nourrir l'enfer
Dieu merci je suis libertaire et athée
à tes pieds évidemment mon amour ma seule religion
je ne veux tuer personne je veux juste aimer la vie

Imposteur

Je suis une imposture de moi-même
le regard saumure presque saumâtre
sombrant dans un état second sommaire
sans le moindre sursaut de mansuétude
pour un misérable atrabilaire
un vieux au bois dormant léthargique
hésitant entre un baiser de méduse et un baiser médusé

Saccages

Lugubre
South Apocalypse now
entre déluge et vociférations du vent
faites vos jeux rien ne va plus
c'est la fin du monde
de toute façon il est mal foutu le monde
alors un peu plus
le temps est à l'image de la société
tout n'est que ravages résignation désolation prostration et procrastination

regardez il suffit d'un virus pour chahuter la Macronie
son jouet capital est bien mal en point
dans une république aussi asthmatique que pathétique
ô roitelet vampirique donne-nous notre pain de ce jour
des lits d'hôpitaux des salaires décents et moins de discours abscons
et nous te pardonnerons tes arrogants péchés de jeunesse
hélas il paraît que tu es sourd

Phallus délirium

J'ai le phallus en écharpe
pour réchauffer mes fantasmes hivernaux
blotti contre une bouillotte et un bol de cacao
fantasmes de vieux garçon noyé dans son caleçon
j'ai le phallus autour du cou
qui pend tout mou avec une goutte au bout
un rhume des soins pour lui tenir compagnie
il fait frisquet ces temps-ci ne prenez pas froid
vous aussi   le virus est un manant
il aime croquer les petits amants récalcitrants

Customisation

Je l'aime
plus customisée qu'une DS
avec des styles à gogo jusqu'au rococo
à côté j'ai l'air d'une 2 CV
dépassée par sa vétusté très classe-hic
je l'aime
à force de la voir ressembler à sa vérité
même si la mienne en est bien éloignée
de sa cylindrée post-atomique

Homme...

Homme de peu de foi
homme de peu de droit
homme de peu de choix
homme de peu de joie
que deviens-tu
mais que deviens-tu
regarde-toi
mais regarde-toi
tu n'es plus que ton ombre
lève-toi
redresse-toi
et marche
marche droit
vers toi
ne cède pas
ne cède plus
aux injonctions de l'État
l'État de droit c'est toi
alors soi !

Bonheur simple

Connaissez-vous
le petit bonheur du matin
quand le jour point
dès potron-minet
sur l'horizon d'un regard frais
Réveillez-vous et regardez-le
venir à vous
dans un rayonnement solaire
voyez
la vie est simple
quand le bonheur est vrai

Recette politique

Prenez un con finement haché
longuement mijoté dans le jus insipide
d'un État second qui fait sa tambouille
de soupe à la grimace citoyenne
dans sa cuisine liberticide et avide
afin de vous la resservir réchauffée
chers cons sentant le docile stupide
Gare à l'indigestion démocratique
c'est si viral le manque de liberté concocté
par des apprentis-sorciers des bricoleurs capitalistes
qui ne pensent qu'à vous faire travailler
Allez bon appétit ministres-calculettes
et braves citoyens indolents
qui n'avait rien d'autre à vous mettre sous la dent

Hommage viral

Chère Covid-19
toute ma gratitude d'avoir dévasté
le cynique jouet capitalistique
Regarde-les se démener maintenant
pour sauver des miettes des éclats du passé
Rothschild fait banqueroute à l'Élysée
Merci Covid-19 de les maltraiter eux
qui ne se gênent guère pour nous pressurer
Un virus débarque et tout est déréglé
il en faudra très certainement un autre
un cousin d'Amérique ou peut-être d'Afrique
pour les rendre intelligents un qui s'en prendra
aux neurones et aux synapses des arrogants
Quand comprendront-ils que le seul vaccin
efficace c'est pas la relance de l'offre
c'est l'amour tout simplement
celui qui leur manque tant pour être grands

2020

Il y a des années comme ça où rien ne va
mais vraiment rien de rien
un effondrement général comme un jeu de dominos qui s'étalent
enchaînement fatal typhon viral tsunami social
et incompétence gouvernementale
tout fout le camp c'est Waterloo et Trafalgar en même temps
baissez la tête courbez l'échine c'est le blitz qui vaticine
mais haut les cœurs tout n'a qu'un temps mêmes les pires moments
il y a des années où rien ne va
surtout si le pays de droit devient un pays de dû et de dupes
auxquels on demande de faire don de leur personne en sus
des sacrifices par le bas toujours par le bas
il y a des années comme ça
où il reste l'espoir des bonheurs simples la philosophie des cœurs
et la patience la foi en quelque chose de meilleur
engendré par le peuple engendré par le bas
car la vérité viendra de là où la liberté résonnera
patience patience et foi
la fatalité n'existe pas
ta vie n'appartient qu'à toi
que vaut-elle à tes yeux dis-moi que vaut-elle pour toi

Rêves de nuit

J'ai rêvé de femmes
des flammes au fond des yeux
aux éclats de désirs voluptueux
J'ai rêvé de vie
et de joies durant mon somme
j'ai rêvé de toi et de vous
femmes debout

Toussaint

Que j'aime la Toussaint
lorsque je suis vivant
mort de rire à pleines dents
devant des têtes d'enterrement
Je n'ai que faire des misères des morts vivants
des freluquets procrastinant sur leurs infortunes
plutôt que d'oser vivre en prenant leurs chances
résolument   Ressuscitez à la Toussaint
pour mieux faire l'armistice avec vos chagrins !

Trumperies sournoises

Pourquoi le Peuple aime-t-il tant
à se faire trumper, en bêlant
« Allons z'enfants... »,
par de vils bonimenteurs viciés ?
Des harangueurs mal embouchés
que le pouvoir fait délirer.
Pourquoi le Peuple les adoube-t-il tant
un peu partout aux quatre coins du globe,
ces cannibales méprisants ?
Pourquoi apprécie-t-il tellement d'être berné
par des godelureaux à la morgue chiadée ?
Roulé dans la farine, voué à la famine,
un Peuple qui s'enlise dans sa cuisine.
Bas les masques, viragos couillues
qui êtes infoutus d'être autre chose
que des valets au service du capital !
Le verre est dans le fruit
comme le virus dans la démocratie.
Qui sonnera le glas de qui ?
Les trumpeurs ou les trumpés ?

Légèreté

Rompre le silence de l'ennui
et puis
demain n'est pas aujourd'hui
Rompre le silence de la nuit
par un bâillement ou un sourire
à la vie
Quelle est cette légèreté qui m'habite
alentour pourtant
tout bredouille
comme l'automne qui hésite sur le temps à adopter
et cette légèreté un peu euphorique
Quel est ce topique
qui me rend si vivant
par-dessus tout ?
Je suis un fripon définitivement

Sérénité

Le crépuscule sourit à la nuit
les oiseaux se retirent dans leur chant intérieur
la vie ralentit son rythme
et s'enrobe de silence méditatif
de ci de là des corps s'éveillent
le désir s'immisce dans la nudité
tout commence par un baiser
puis une caresse lascive
la nuit est tombée
la jouissance peut se lever
viens
je n'attends que toi
viens
ne me vois-tu pas
même dans la nuit ?

Exotique

Si tu voyais son nénuphar
s'ouvrir au soleil de ta bouche
pour offrir sa fleur à tes caresses
de jardinier en babouche
savourant sa saveur de loukoum
si tu la voyais s'épanouir sous tes lèvres
se répandre en toi comme on engendre
un élixir de joie
tu la vénérerais du matin au soir

Aux complotistes

Chacun pense ce qu'il veut
négativiste nihiliste catastrophiste
chacun pense ce qu'il peut
pour autant faut-il polluer la vie d'autrui
ne peut-on penser en silence
pourquoi faut-il convaincre à tout prix
la réalité n'est-elle pas assez rude ainsi
pourquoi répandre des virus intellectuels
plus nocifs que le corona lui-même
démasquez-vous autant que vous voulez
mais épargnez-nous vos rictus viraux
suffisamment de maux sont à panser
pour ne pas en rajouter à la médiocrité
ambiante d'un gouvernement dépassé
chacun pense ce qu'il veut
la vérité ne s'en porte pas mieux
et la réalité continue son chemin

Olympe

Aurélie j'écris ton nom
le soleil sur le front
alentour est amour
une volée d'oiseaux s'égaye
Tempérance veille sur le jour
Aurélie j'écris par amour
de la vie qui coule au long cours
Aurélie Stéphanie ou Émilie
j'écris parce que je suis les mots
qui me viennent avec amour
le ciel est rouge au-dessus des cimes
la vie est passion
l'amour est fission
Femme j'écris ta lumière
quel que soit ton nom

Amour pastel

Le jour se lève
Horizon irisé
Mes pensées se promènent
sur le ciel déployé
je veux vivre près de toi
juste assez près pour t'aimer
en toute liberté
avec un goût d'éternité

Vent de folie

Un vent violent gifle le ciel
dans un comportement démentiel
les tourments de l'azur balayent
la nature
tout n'est que passion et évasure
enflamme-moi de haut en bas
jusqu'à l'usure de l'entregent

Je suis heureux

J'ouvre les yeux, je suis heureux.
Je vois le soleil aux cieux, je suis heureux.
Je vois la pluie qui pleut, je suis heureux.
Je vois le jour qui m'éveille, je suis heureux.
Je vois la vie qui me gratifie, je suis heureux.
Je vois l'amour dans tes yeux, je suis heureux.
Je sens mon corps qui sourit, je suis heureux.
Je sens le temps qui m'enlace, je suis heureux.
Je sens le désir qui mitonne, je suis heureux.
Bien sûr la vie vacille mais c'est la vie
qui vit ses aléas à qui mieux mieux.
Je suis heureux…

Hivernal

Indolent l'hiver
sous les frimas lumineux
d'un soleil si bleu

Apparences

Paraître, paraître
pour ne pas disparaître.
Apparaître sous de faux-semblants
pour ne pas comparaître
devant une réalité
pleine de tourments.
Paraître, paraître
à tort et à travers
pour nourrir l'illusion d'être
moins seul sur Terre.
Pourquoi autant s'agiter
dans la vacuité des réseaux spéciaux ?
Pour nourrir des arlésiennes en peau de chagrin ?
Que craignez-vous, de mourir idiots
ou de croupir dans vos oripeaux ?

Est-ce tellement dur d'être ?

Impromptu

Ce sourire soudain surgi de rien
surgi de nulle part
qui grise le cœur et
empli la poitrine d'une joie subreptice
fugace bouffée de bonheur
jaillie au débotté du fond de la vie
pour tout illuminer
Que la vie est belle dans ces instants magiques !
Rien n'est plus beau que d'être surpris par soi-même.

Allegro ma non troppo

Je flâne au-dessus de ma flemme
telle flamme sur femme
que j'enflamme de mon altérité.
Je plane sur le no man's land
de mes apathies dépitées
d'avoir perdu la flamme
dans le brasier de mes folies
de feu follet effarouché.
Je flâne sur son sexe qui se pâme
dans mes pensées diaphanes.
Viens dansons ce slow langoureux
juste bon pour mes vieux os…

Kafka

Le chemin se promène sur la table
pendant que la table chemine dans ses pensées
moroses ses pensées
même pas une cène à se mettre sous la dent à Noël
plus de ripailles même le sexe est chafouin
restant scotché sous la couette plutôt que sur un coin
de la table à faire tagada tsoin-tsoin
Qu'il est loin le temps des cerises
et du foin qui bordait le chemin de table

Antidémocratie

Jour après jour
le ciel sanglote
que serions-nous sans amour
mais que serions-nous

On tue la vie
on tue le temps
on tue le vrai
on tue le sens
on tue l'espoir

Jour après jour
le ciel sanglote
gouvernés par des nains
les humains ne sont rien
que des objets sans lendemain
détruire la liberté
nourrir la précarité
tout n'est que chagrin

Que serions-nous sans amour
mais que serions-nous
quand le ciel sanglote
jour après jour
?

Sinistrose

Matin
lugubre
le jour se dissout dans la nuit
en échos d'enfer
Tout n'est qu'obscurité ténébreuse
que le vent fouette d'une main rageuse
Nous ne sommes rien
sous le déluge
que le reflet de nous-mêmes
Même les oiseaux ne chantent plus

Extrapolation

Le sud sans soleil
c'est la montagne sans neige
Castor sans Pollux
Bruno sans rhum
toi sans moi
le cœur sans battements
le jour sans la nuit
ton corps sans ton sexe
c'est le temps qui nous échappe
dans l'obscurité d'un présent altéré
où tout n'est que viral
avant d'être viré
Le sud sans soleil
c'est toi sans sourire
autant dire une hérésie

Humilité

Quand tout se dégrade
il reste l'amour
qui court sur les vagues
de chaque jour
Demain est trop loin
la vie est au jour le jour
Quand tout se dégrade
il reste l'amour
et le désir de nos soupirs
qui me fait rire au long cours
Rien n'altère le bonheur
lorsqu'il respire sans détour

L'annonce faite à toi-même

Un jour la vie t'annonce que tu te fais vieux
sans même te demander ton avis
la vie ça ne se négocie pas
c'est à prendre ou à laisser
le sais-tu
tu deviens roseau ou tu deviens chêne
tu te plies aux sautes d'humeur physio… logiques
aux jours avec et aux jours sans
du corps qui peut et du corps qui peut moins
t'as le choix entre
être un vieux con ou devenir un peu sage
l'un dans l'autre ça se défend
c'est une question de tempérament
et de sentiment pour la vie
vieillir en dansant sur une seule jambe
c'est le début du bonheur pour certains
tant qu'on a l'amour on a la vie

Introspection

Où est passé mon allant ailé
d'avant
l'effondrement
tu sais
le temps des élans zélés
insensés et zébrés

Je me croyais invincible
je deviens invisible
j'étais la flèche je suis la cible
j'étais seyant je suis croulant
j'étais de passion je suis de raison

Je ne suis plus que la braise
de mon brasier euphorique
les ambitions rétrogradent
au fil des saisons la vie est une oraison

de ce qui fut et un hymne à ce qui est

Je suis un bonheur inconditionnel
l'amour est intemporel
quand tu ris à rendre heureux
l'obscur chant du désir infini
de s'unir au temps qui passe

Alors ris à en mourir d'amour
dans tes yeux qui me dévorent
la vie est un poème
qui ne cesse de rimer avec toujours
tout n'est que recommencement tout

La mort

Compagne des compagnes
elle m'accompagne
sur mes chemins de travers
avec sa robe de mystère
et son sourire énigmatique
depuis que je suis chair
Avec elle j'ai les pieds sur terre
et le sens du précaire
fidèle jusqu'au bout de la nuit
elle me rappelle sans cesse
que je suis !

Du même auteur

Autobiographie
À contre-courant, 1e édition, Desclée de Brouwer, 1999. 2e éditions, Worms, Le Troubadour, 2005 (épuisé).
En dépit du bon sens : autobiographie d'un têtard à tuba, préface ONFRAY M., Noisy-sur École, L'Éveil Citoyen, 2015 (épuisé)

Poésie
Toi Émoi, Worms, Le Troubadour, 2004
Corps accord sur l'écume Worms, Le Troubadour, 2010
Ikebana effervescent, Worms, Le Troubadour, 2012
Le jeune homme et la mort, Worms, Le Troubadour, 2016
Les chemins d'Euterpe, Autoédition MN, 2018
Divins horizons, Autoédition MN, 2020
Femmes libertés, Autoédition MN, 2021
Allègres mélancolies, Autoédition MN, 2021
Les foudres d'Éros, Autoédition MN, 2019
Sérénité, Autoédition MN, 2019
L'existentialisme précaire d'un têtard pensant, Marcel Nuss, 2018
Chroniques poétiques, Autoédition MN, 2021
Le quotidien des jours qui passent, Autoédition MN, 2020
Aveux de faiblesses, Autoédition MN, 2022
Récoltes verticales, 1999-2002, Autoédition MN, 2022
Élégie sans lendemain, 2002-2008, Autoédition MN, 2022
Femmes libertés, 2011-2013, Autoédition MN, 2022
Les runes de l'amour, 2011-2012, Autoédition MN, 2022
Allègres mélancolies, 2013-2016, Autoédition MN, 2022

Les foudres d'Eros, 2015-2016, Autoédition MN, 2022 (à paraître)
Sérénités, 2017, Autoédition MN, 2022
L'existentialisme précaire d'un têtard pensant, 2018-2019, Autoédition MN, 2022
Chronique poétique, 2020, Autoédition MN, 2022
Le quotidien des jours qui passent, 2021, Autoédition MN, 2022

Essais
La présence à l'autre : Accompagner les personnes en situation de dépendance, 3e édition 2011, 2e édition 2008, 1e édition 2005, Paris, Dunod.
Former à l'accompagnement des personnes handicapées, éditions Dunod, 2007 (épuisé).
Oser accompagner avec empathie, préface COMTE-SPONVILLE A., Paris, Dunod, 2016
Je veux faire l'amour, Paris, Autrement, 1ère édition 2012, Autoédition, 2e édition 2019.
Je ne suis pas une apparence, Autoédition MN, 2021

Romans érotiques
Libertinage à Bel Amour, Noisy-sur-École, Tabou Éditions, 2014 (épuisé)
Les libertines, Paris, Chapitre.com, 2017 (épuisé)
Le crépuscule d'une libertine, Paris, Chapitre.com, 2018 (épuisé)

Réédition en version originale :
La trilogie d'Héloïse, Autoédition MN, 2021
   1 Con joint
   2 Con sidéré
   3 Con sensuel

Nouvelles
Cœurs de femmes, Paris, Éditions du Panthéon, 2020
Ruptures, Paris, Éditions Saint-Honoré, 2021

Incarnations lascives, Autoédition MN, 2021

Sous le pseudonyme de Mani Sarva
Horizons Ardents, Paris, Éditions Saint-Germain-des-Prés, 1990 (épuisé).
Divine Nature, prix de la ville de Colmar 1992, Éditions ACM, 1993 (épuisé).
Le cœur de la différence, préface JACQUARD A., Paris, L'Harmattan, 1997

Essais en collaboration avec :
COHIER-RAHBAN V. *L'identité de la personne « handicapée »*, Paris, Dunod, 2011
ANCET P. *Dialogue sur le handicap et l'altérité : ressemblance dans la différence*, Paris, Dunod, 2012

Essais dirigés par l'auteur
Handicaps et sexualités : le livre blanc, Paris, Dunod, 2008
Handicaps et accompagnement à la vie sensuelle et/ou sexuelle : plaidoyer en faveur d'une liberté !, Lyon, Chronique Sociale, 2017